中国农村居民
消费结构实证研究

刘晓红 ◎ 著

中国社会科学出版社

图书在版编目(CIP)数据

中国农村居民消费结构实证研究/刘晓红著.—北京：中国社会科学出版社，2016.1

ISBN 978 - 7 - 5161 - 8092 - 1

Ⅰ.①中…　Ⅱ.①刘…　Ⅲ.①农村—居民消费—消费结构—研究—中国

Ⅳ.①F126.1

中国版本图书馆 CIP 数据核字(2016)第 084254 号

出 版 人	赵剑英
责任编辑	郭　鹏
责任校对	张艳萍
责任印制	李寡寡

出　　版	中国社会科学出版社
社　　址	北京鼓楼西大街甲 158 号
邮　　编	100720
网　　址	http://www.csspw.cn
发 行 部	010 - 84083685
门 市 部	010 - 84029450
经　　销	新华书店及其他书店

印　　刷	北京金瀑印刷有限责任公司
装　　订	廊坊市广阳区广增装订厂
版　　次	2016 年 1 月第 1 版
印　　次	2016 年 1 月第 1 次印刷

开　　本	710 × 1000　1/16
印　　张	13
插　　页	2
字　　数	220 千字
定　　价	45.00 元

凡购买中国社会科学出版社图书，如有质量问题请与本社营销中心联系调换
电话：010 - 84083683

目　　录

第一章 导论

一 研究背景和研究意义

（一）研究背景

2013 年末中国内地总人口为 136072 万人，其中城镇常住人口为 73111 万人，占总人口比重为 53.73%；乡村人口为 62961 万人，占总人口比重为 46.27%。2014 年，中国的政府工作报告指出："扩大内需是经济增长的主要动力，也是重大的结构调整。要发挥好消费的基础作用和投资的关键作用，打造新的区域经济支撑体，从需求方面施策，从供给方面发力，构建扩大内需长效机制。把消费作为扩大内需的主要着力点。通过增加居民收入提高消费能力，完善消费政策，培育消费热点。要扩大服务消费，支持社会力量兴办各类服务机构，重点发展养老、健康、旅游、文化等服务，落实带薪休假制度。"而要扩大国内消费需求，离不开农村这一广阔的市场。

中国在稳步推进新农村建设的进程，以促进城乡一体化发展，到 2020 年实现全面建设小康社会的奋斗目标。国家"十二五"规划指出："加快推进社会主义新农村建设，促进区域良性互动、协调发展。在工业化、城镇化深入发展中同步推进农业现代化，完善以工促农、以城带乡的长效机制，加大强农惠农力度，提高农业现代化水平和农民生活水平，建设农民幸福生活的美好家园。"消费水平是农村居民生活水平的主要标志，要提高农村居民的生活水平，就离不开农村居民消费数量和质量的提高。农村居民消费数量用消费水平来表示，消费质量通过消费结构来体现。农村居民消费结构优化升级是稳步推进新农村建设，进而实现城乡一体化的必然要求。

在此宏观背景下，对中国农村居民消费结构进行实证研究，具有重要的理论价值和实践意义。

（二）研究意义

1. 理论意义

消费是经济增长的三驾马车之一，也是最稳定的因素，是世界各国采用的非常重要的推动经济增长的措施之一。消费理论是经济学领域的核心理论，其中的消费结构是经济学的重点研究对象。中国在吸收西方经济理论的基础上，结合中国的实际，对中国城乡居民消费结构进行了研究，研究对象从食品、衣着、居住等领域扩展到家庭设备及用品、交通通信、医疗保健、文教娱乐、耐用消费品、公共产品与服务、流通领域等，并从各个角度提出优化中国城乡居民消费结构的建议。既有以全国农村居民或全国城镇居民为研究对象的研究，也有以某个或某几个省份、城市居民为研究对象的研究，既有从点到面的研究，也有以某一年份的消费结构进行的静态研究，还有以年份序列进行的动态研究。中国对消费结构的研究不断深入。

虽然学术界对消费结构的研究成果丰硕，但也存在不足，表现在无论是专著还是论文，对中国消费结构的研究要么局限于总体状况的概览，要么在城乡居民消费结构中仅对某一方面进行探讨，缺乏对八大类消费结构进行深入的研究，以这样的思路对农村居民消费结构展开的研究较少。鉴于此，本书尝试从中国农村居民的消费入手，研究中国农村居民的消费结构，对农村居民食品、居住等各大类消费进行详细的实证研究，以期形成一个较为完整的中国农村居民的消费结构模型，在传承传统经济学理论的基础上有所创新，为促进中国农村居民消费结构优化升级提供理论依据。

2. 实践意义

随着中国不断地深化改革开放，力图激发市场活力和内生动力，着力保障和改善民生，切实提高发展的质量和效益。中国重视农村的改革发展，把解决"三农"问题作为全部工作的重中之重，认为农业是扩大内需调结构的重要领域，着力夯实农业农村发展的基础，坚持稳中求进，实现经济持续健康发展和社会和谐稳定。在这种大背景下，研究中国农村居民的消费结构，为促进农村居民消费结构的优化升级提供对策建议，对促进中国农村经济又好又快发展具有重要的现实意义。

二 中国农村居民消费结构概况

自 1978 年以来，中国农村居民用于生活消费方面的支出不断增长，从 1978 年的人均 116.1 元增加到 2012 年的 5908 元。中国农村居民八大类消费支出（即食品、衣着、居住、家庭设备及用品、交通通信、文教娱乐、医疗保健、其他支出）也分别有不同程度的增长，如表 1—1 所示。

表 1—1　　　　　　　　　　农村居民消费支出　　　　　　　单位：元/人

年份	生活消费	食品	衣着	居住	家庭设备及用品	交通通信	文教娱乐	医疗保健	其他支出
1978	116.1	78.6	14.7	12.0	—	—	—	—	—
1979	134.5	86.0	17.6	16.0	—	—	—	—	—
1980	162.2	100.2	20	22.5	4.1	0.6	8.3	3.4	3.2
1981	190.8	114.1	23.8	31.6	4.2	0.6	10.1	4.2	2.2
1982	220.2	133.5	25	35.6	9.4	0.6	7.5	4.7	4.0
1983	248.3	147.6	28	42	14	3.6	5.7	4.4	3.0
1984	273.8	162.3	28.9	48.4	14.8	3.4	8.2	5	2.7
1985	317.4	183.4	30.8	57.9	16.2	5.6	12.4	7.7	3.6
1986	357.0	201.5	33	70.3	19.6	6.2	14.4	8.7	3.3
1987	398.3	222.1	34.2	79.8	21.5	8.2	18.5	10.7	3.4
1988	476.7	257.4	41.1	96.3	30	8.9	25.7	13.4	3.9
1989	535.4	293.4	44.5	105.2	32.4	8.5	30.6	16.4	4.3
1990	584.6	343.8	45.4	101.4	30.9	8.4	31.4	19.0	4.3
1991	619.8	357.1	51.1	102.3	35.3	10.3	36.4	22.3	5.0
1992	659.0	379.3	52.5	104.9	36.7	12.2	43.8	24.2	5.5
1993	769.7	446.8	55.3	106.8	44.7	17.4	58.4	27.2	13.1
1994	1016.8	598.5	70.3	142.3	55.5	24.0	75.1	32.1	19.0

续表

年份	生活消费	食品	衣着	居住	家庭设备及用品	交通通信	文教娱乐	医疗保健	其他支出
1995	1310.4	768.2	89.8	182.2	68.5	33.8	102.4	42.5	23.1
1996	1572.1	885.5	113.8	219.1	84.2	47.1	132.5	58.3	31.7
1997	1617.2	890.3	109.4	233.2	85.4	53.9	148.2	62.5	34.3
1998	1590.3	849.6	98.1	239.6	81.9	60.7	159.4	68.1	32.9
1999	1577.4	829.0	92.0	232.7	82.3	68.7	168.3	70.0	34.3
2000	1670.1	820.5	96.0	258.3	75.4	93.1	186.7	87.6	52.5
2001	1741.1	830.7	98.7	279.1	77.0	110.0	192.6	96.6	56.4
2002	1834.3	848.4	105.0	300.16	80.35	128.53	210.31	103.9	57.7
2003	1943.3	886.0	110.27	308.38	81.65	162.53	235.68	115.8	43.0
2004	2184.7	1031.9	120.16	324.25	89.23	192.63	247.63	130.6	48.3
2005	2555.4	1162.2	148.57	370.16	111.44	244.98	295.48	168.1	54.5
2006	2829.0	1217.0	168.04	468.96	126.56	288.76	305.13	191.5	63.1
2007	3223.9	1389.0	193.45	573.80	149.13	328.40	305.66	210.2	74.2
2008	3660.7	1598.7	211.8	678.80	173.98	360.18	314.53	246.0	76.7
2009	3993.5	1636.0	232.50	805.01	204.81	402.9	340.6	287.5	84.1
2010	4381.8	1800.7	264	835.2	234.06	461.1	366.7	326.0	94.0
2011	5221.1	2107.3	341.3	961.5	308.9	547.0	396.4	436.8	122.0
2012	5908.0	2323.9	396.4	1086.4	341.7	652.8	445.5	513.8	147.6

资料来源：主要根据《中国住户调查年鉴》相关各年中的数据整理而来。①

　　由农村居民消费支出可得出中国农村居民消费支出构成，如表1—2所示。除了食品和衣着这两项支出的比重自1978年以来呈现下降趋势外，其他的居住、家庭设备及用品、交通通信等六大类支出整体上都呈上升趋势。

---

　　① 《中国住户调查年鉴》，为中华人民共和国国家统计局年史编写，由中国统计出版社出版。以下不再注释。

表 1—2　　　　　　　　　农村居民消费支出构成　　　　　　　单位:%

年份	消费支出	食品	衣着	居住	家庭设备及用品	交通通信	文教娱乐	医疗保健	其他支出
1978	100.0	67.7	12.7	10.3	—	—	—	—	—
1979	100.0	64.0	13.1	11.9	—	—	—	—	—
1980	100.0	61.8	12.3	13.8	2.5	0.4	5.1	2.1	2.0
1981	100.0	59.8	12.5	16.6	2.2	0.3	5.3	2.2	1.2
1982	100.0	60.6	11.4	16.1	4.3	0.3	3.4	2.1	1.8
1983	100.0	59.4	11.3	16.9	5.7	1.4	2.3	1.8	1.2
1984	100.0	59.3	10.6	17.7	5.4	1.2	3.0	1.8	1.0
1985	100.0	57.8	9.7	18.2	5.1	1.8	3.9	2.4	1.1
1986	100.0	56.5	9.2	19.7	5.5	1.7	4.0	2.4	0.9
1987	100.0	55.8	8.6	20.0	5.4	2.1	4.6	2.7	0.9
1988	100.0	54.0	8.6	20.2	6.3	1.9	5.4	2.8	0.8
1989	100.0	54.8	8.3	19.7	6.1	1.6	5.7	3.1	0.8
1990	100.0	58.8	7.8	17.4	5.3	1.4	5.4	3.3	0.7
1991	100.0	57.6	8.2	16.5	5.7	1.7	5.9	3.6	0.8
1992	100.0	57.6	8.0	15.9	5.6	1.9	6.7	3.7	0.8
1993	100.0	58.1	7.2	13.9	5.8	2.3	7.6	3.5	1.7
1994	100.0	58.9	6.9	14.0	5.5	2.4	7.4	3.2	1.9
1995	100.0	58.6	6.9	13.9	5.2	2.6	7.8	3.2	1.8
1996	100.0	56.3	7.2	13.9	5.4	3.0	8.4	3.7	2.0
1997	100.0	55.1	6.8	14.4	5.3	3.3	9.2	3.9	2.1
1998	100.0	53.4	6.2	15.1	5.2	3.8	10.0	4.3	2.1
1999	100.0	52.6	5.8	14.8	5.2	4.4	10.7	4.4	2.2
2000	100.0	49.1	5.8	15.5	4.5	5.6	11.2	5.3	3.1
2001	100.0	47.7	5.7	16.0	4.4	6.3	11.1	5.6	3.2
2002	100.0	46.3	5.7	16.4	4.4	7.0	11.5	5.7	3.1
2003	100.0	45.6	5.7	15.9	4.2	8.4	12.1	6.0	2.2
2004	100.0	47.2	5.5	14.8	4.1	8.8	11.3	6.0	2.2
2005	100.0	45.5	5.8	14.5	4.4	9.6	11.6	6.6	2.1
2006	100.0	43.0	5.9	16.6	4.5	10.2	10.8	6.8	2.2
2007	100.0	43.1	6.0	17.8	4.6	10.2	9.5	6.5	2.3

续表

年份	消费支出	食品	衣着	居住	家庭设备及用品	交通通信	文教娱乐	医疗保健	其他支出
2008	100.0	43.7	5.8	18.5	4.8	9.8	8.6	6.7	2.1
2009	100.0	41.0	5.8	20.2	5.1	10.1	8.5	7.2	2.1
2010	100.0	41.1	6.0	19.1	5.3	10.5	8.4	7.4	2.2
2011	100.0	40.4	6.5	18.4	5.9	10.5	7.6	8.4	2.3
2012	100.0	39.3	6.7	18.4	5.8	11.1	7.5	8.7	2.5

资料来源：主要根据《中国住户调查年鉴》相关各年中的数据整理而来。

三　扩展线性支出系统 ELES 模型介绍

扩展线性支出系统模型的计算分析应用源于经济学家兰驰（Lunch）提出的扩展线性支出系统（ELES）模型，其经济涵义可表述为：一定时期内，在给定收入和价格的前提下，消费者首先满足其基本需求支出，扣除其基本需求支出之后的收入则按比例在各类商品支出及储蓄之间分配。ELES 的具体数学模型为：

$$V_i = P_i X_i + \beta_i (Y - \sum P_i X_i), i = 1,2,3,\cdots,n \qquad (1)$$

（1）式中 i 为商品或劳务的种类，V_i 为消费者对第 i 种商品或服务的消费支出；P_i 为第 i 种商品或服务的价格；X_i 为消费者对第 i 种商品或服务的基本需求量；Y 表示消费者人均可支配收入；$P_i X_i$ 是对第 i 种商品的基本需求支出；β_i 为消费者的收入除去各类商品或服务基本需求支出后的余额中追加用于第 i 类商品或服务的比例，称为第 i 类商品或服务的边际消费倾向，其中 $0 < \beta_i < 1, 0 < \sum \beta_i < 1, \sum P_i X_i$ 为各类商品或服务基本需求支出总额。

将上式进行变形整理，$V_i = \beta_i Y + (P_i X_i - \beta_i \sum P_i X_i)(i = 1,2,3,\cdots,n)$

$$\qquad (2)$$

$$令 P_i X_i - \beta \sum P_i X_i = a \qquad (3)$$

$$V_i = \alpha_i + \beta_i Y (i = 1,2,3,\cdots,n) \qquad (4)$$

令 $\sum \alpha_i = \sum P_i X_i - \sum \beta_i \sum P_i X_i - \sum \beta_i \sum P_i X_i = \sum P_i X_i (1 - \sum \beta_i)$，可得到 $\sum P_i X_i = \sum{}^{\alpha i}/(1 - \sum{}^{\beta i}), \beta_i$

从而得到对第 i 类商品（或劳务）的基本需求为：$P_i X_i = \alpha_i + \beta_i \sum{}^{ai}/(1 - \sum{}^{\beta i})$

$$(5)$$

模型（4）是简单线性回归模型，利用截面材料，采用最小二乘法可求得 α_i 和 β_i 的估计值，以上就是扩展线性支出系统模型的基本思想。[1]

四 扩展线性支出系统（ELES）模型的检验

中国关于农村居民五等份的数据是从 2002 年开始统计的，所以，本书中的数据也从 2002 年开始。《中国统计年鉴》（2003—2013）[2] 中 2002—2012 年中国农村居民五种收入分组家庭年人均纯收入和消费支出结构的数据，如表1—3 至 1—13 所示。

表1—3　　按收入五等份农村居民家庭平均每人消费支出（2002 年）　　单位：元

指标	低收入户	中低收入户	中等收入户	中高收入户	高收入户
纯收入	857.13	1547.53	2164.11	3030.45	5895.63
消费支出	1006.35	1310.33	1645.04	2086.61	3500.08
食品	562.37	686.76	808.99	949.52	1354.31
衣着	56.75	74.23	93.98	122.86	198.89
居住	127.56	174.75	244.14	336.15	704.75
家庭设备及用品	38.95	52.83	67.77	93.32	168.51
交通通信	41.76	67.65	100.50	153.64	321.40
文教娱乐	97.36	145.50	193.28	246.81	416.88
医疗保健	57.54	74.88	90.73	116.49	201.72
其他	24.07	33.74	45.65	67.83	133.63

资料来源：主要根据《中国统计年鉴》相关各年中的数据整理而来。

---

[1] 李子奈、潘文卿：《计量经济学》（第二版），高等教育出版社 2005 年版。
[2] 《中国统计年鉴》，为中华人民共和国国家统计局历年编写，由中国统计出版社出版。以下不再注释。

表1—4　　按收入五等份农村居民家庭平均每人消费支出（2003年）　　单位：元

指标	低收入户	中低收入户	中等收入户	中高收入户	高收入户
纯收入	865.90	1606.53	2273.13	3206.79	6346.86
消费支出	1064.76	1377.56	1732.74	2189.27	3755.57
食品	575.66	714.11	840.82	999.23	1429.05
衣着	59.47	77.69	97.70	125.64	214.06
居住	141.56	180.85	240.93	339.43	726.39
家庭设备及用品	39.35	51.55	66.33	90.53	181.74
交通通信	56.91	84.09	128.85	183.21	412.72
文教娱乐	109.94	161.37	218.34	276.81	465.45
医疗保健	63.83	81.70	104.25	124.85	228.51
其他	18.03	26.21	35.52	49.56	97.65

资料来源：主要根据《中国统计年鉴》相关各年中的数据整理而来。

表1—5　　按收入五等份农村居民家庭平均每人消费支出（2004年）　　单位：元

指标	低收入户	中低收入户	中等收入户	中高收入户	高收入户
纯收入	1006.87	1841.99	2578.49	3607.67	6930.65
消费支出	1248.29	1580.99	1951.46	2459.55	4129.12
食品	694.37	841.12	986.11	1167.53	1614.88
衣着	66.42	84.35	107.61	136.40	231.71
居住	154.12	199.93	253.20	345.63	760.74
家庭设备及用品	43.35	57.05	71.35	96.36	202.25
交通通信	74.00	109.30	153.49	217.61	469.55
文教娱乐	123.12	167.73	220.05	292.14	492.68
医疗保健	71.21	91.65	117.37	149.43	251.21
其他	21.70	29.86	42.27	54.46	106.10

资料来源：主要根据《中国统计年鉴》相关各年中的数据整理而来。

表1—6　　按收入五等份农村居民家庭平均每人消费支出（2005年）　　单位：元

指标	低收入户	中低收入户	中等收入户	中高收入户	高收入户
纯收入	1067.22	2018.31	2850.95	4003.33	7747.35
消费支出	1548.30	1913.07	2327.69	2879.06	4593.05
食品	796.26	950.12	1120.87	1297.26	1807.58
衣着	87.98	108.71	132.39	167.51	276.18
居住	205.88	249.80	313.19	411.45	758.16
家庭设备及用品	59.60	76.22	95.84	127.60	224.14
交通通信	111.19	153.74	206.96	281.55	539.37
文教娱乐	155.49	209.39	262.18	345.17	571.45
医疗保健	106.45	128.52	148.11	183.52	305.10
其他	25.45	36.57	48.16	65.00	111.06

资料来源：主要根据《中国统计年鉴》相关各年中的数据整理而来。

表1—7　　按收入五等份农村居民家庭平均每人消费支出（2006年）　　单位：元

指标	低收入户	中低收入户	中等收入户	中高收入户	高收入户
纯收入	1182.46	2222.03	3148.50	4446.59	8474.79
消费支出	1624.73	2039.13	2567.92	3230.35	5276.75
食品	805.33	979.77	1154.77	1367.76	1965.71
衣着	94.44	118.17	150.04	193.74	320.69
居住	237.17	296.43	406.59	517.86	1011.60
家庭设备及用品	63.88	85.84	110.13	147.51	256.77
交通通信	129.13	178.42	243.26	348.00	626.46
文教娱乐	146.44	202.08	272.89	371.64	608.64
医疗保健	117.55	137.24	173.17	209.52	359.03
其他	30.80	41.17	57.08	74.32	127.85

资料来源：主要根据《中国统计年鉴》相关各年中的数据整理而来。

表1—8　　按收入五等份农村居民家庭平均每人消费支出（2007年）　　单位：元

指标	低收入户	中低收入户	中等收入户	中高收入户	高收入户
纯收入	1346.89	2581.75	3658.83	5129.78	9790.68
消费支出	1850.59	2357.90	2938.47	3682.73	5994.43

续表

指标	低收入户	中低收入户	中等收入户	中高收入户	高收入户
食品	932.16	1128.45	1326.59	1572.02	2202.97
衣着	110.99	139.25	176.84	221.57	361.34
居住	285.61	374.11	495.62	645.29	1227.69
家庭设备及用品	74.47	99.27	133.84	176.83	299.87
交通通信	143.70	207.53	284.97	385.30	717.92
文教娱乐	144.92	197.16	263.34	354.97	654.56
医疗保健	124.76	162.69	192.80	238.84	374.25
其他	33.98	49.45	64.48	87.91	155.83

资料来源：主要根据《中国统计年鉴》相关各年中的数据整理而来。

表1—9　　**按收入五等份农村居民家庭平均每人消费支出（2008年）**　　单位：元

指标	低收入户	中低收入户	中等收入户	中高收入户	高收入户
纯收入	1499.81	2934.99	4203.12	5928.60	11290.20
消费支出	2144.78	2652.77	3286.44	4191.25	2144.78
食品	1088.41	1293.70	1526.96	1815.70	1088.41
衣着	121.64	149.34	192.20	247.56	121.64
居住	348.24	428.34	538.77	764.25	348.24
家庭设备及用品	88.24	122.55	155.31	205.27	88.24
交通通信	168.35	224.25	302.35	410.75	168.35
文教娱乐	147.00	194.58	277.07	383.47	147.00
医疗保健	145.93	187.27	224.18	273.53	145.93
其他	36.96	52.74	69.60	90.72	36.96

资料来源：主要根据《中国统计年鉴》相关各年中的数据整理而来。

表1—10　　**按收入五等份农村居民家庭平均每人消费支出（2009年）**　　单位：元

指标	低收入户	中低收入户	中等收入户	中高收入户	高收入户
纯收入	1549.30	3110.10	4502.08	6467.56	12319.05
消费支出	2354.92	2870.95	3546.04	4591.81	7485.71
食品	1106.77	1317.21	1549.73	1861.70	2601.79
衣着	135.43	164.29	209.50	268.68	436.50

续表

指标	低收入户	中低收入户	中等收入户	中高收入户	高收入户
居住	430.48	534.42	655.38	894.63	1731.07
家庭设备及用品	117.96	141.88	178.46	247.96	384.65
交通通信	190.31	240.36	327.66	469.44	910.75
文教娱乐	156.03	210.47	296.09	416.04	722.31
医疗保健	176.50	209.89	256.27	333.69	521.12
其他	41.44	52.43	72.95	99.68	177.53

资料来源：主要根据《中国统计年鉴》相关各年中的数据整理而来。

表 1—11　**按收入五等份农村居民家庭平均每人消费支出（2010 年）**　单位：元

指标	低收入户	中低收入户	中等收入户	中高收入户	高收入户
纯收入	1869.80	3621.23	5221.66	7440.56	14049.69
消费支出	2535.35	3219.47	3963.8	5025.58	8190.38
食品	1236.73	1464.57	1718.02	2047.57	2828.41
衣着	151.23	190.64	3219.47	305.24	496.87
居住	417.71	562.21	1464.57	934.9	1787.91
家庭设备及用品	120.4	174.04	220.73	276.77	435.15
交通通信	208.64	281.12	372.32	525.49	1073.82
文教娱乐	164.96	235.15	318.05	446.1	782.23
医疗保健	190.25	246.69	295.09	381.04	589.87
其他	45.43	65.05	82.09	108.47	196.12

资料来源：主要根据《中国统计年鉴》相关各年中的数据整理而来。

表 1—12　**按收入五等份农村居民家庭平均每人消费支出（2011 年）**　单位：元

指标	低收入户 （20%）	中等偏下户 （20%）	中等收入户 （20%）	中等偏上户 （20%）	高收入户 （20%）
纯收入	2000.51	4255.75	6207.68	8893.59	16783.06
消费支出	3312.59	3962.29	4817.91	6002.88	9149.57
食品	1485.44	1729.89	2010.66	2395.46	3264.36
衣着	208.55	250.37	309.26	400.72	618.41
居住	572.28	677.51	856.98	1086.92	1863.74

续表

指标	低收入户 （20%）	中等偏下户 （20%）	中等收入户 （20%）	中等偏上户 （20%）	高收入户 （20%）
家庭设备及用品	172.56	225.29	289.30	373.31	560.23
交通通信	292.01	354.67	476.11	634.05	1144.10
文教娱乐	202.32	267.20	344.33	471.52	815.67
医疗保健	312.58	372.70	421.61	496.64	645.18
其他	66.84	84.67	109.67	144.25	237.90

资料来源：主要根据《中国统计年鉴》相关各年中的数据整理而来。

表1—13　　**按收入五等份农村居民家庭平均每人消费支出（2012年）**　　单位：元

指标	低收入户 （20%）	中等偏下户 （20%）	中等收入户 （20%）	中等偏上户 （20%）	高收入户 （20%）
纯收入	2316.21	4807.47	7041.03	10142.08	19008.89
消费支出	3742.25	4464.34	5430.32	6924.19	10275.30
食品	1620.32	1902.73	2197.42	2672.60	3622.70
衣着	246.10	287.59	358.37	466.07	717.82
居住	637.66	775.19	990.72	1341.22	1952.78
家庭设备及用品	197.38	250.08	319.07	406.68	618.40
交通通信	360.26	412.69	546.92	732.45	1418.83
文教娱乐	230.24	294.22	386.79	533.11	918.93
医疗保健	370.88	439.12	499.13	595.70	737.12
其他	79.41	102.71	131.90	176.37	288.71

资料来源：主要根据《中国统计年鉴》相关各年中的数据整理而来。

运用扩展线性支出系统模型，以中国农村居民人均年纯收入为自变量，食品、衣着、交通通信等八大类消费支出为因变量，借助统计软件SPSS13.0进行回归分析，各年回归方程的参数估计以及t检验值如表1—14至1—24所示。

表 1—14　　　　　2002 年中国农村居民 ELES 模型参数估计值

支出项目	α_i	β_i	R^2	$t\alpha_i$	$t\beta_i$	F	$D-W$
食品	452.610	0.156	0.995	22.027	24.352	593.070	1.431
衣着	32.551	0.028	0.998	13.933	39.181	1535.186	2.374
居住	1.057	0.117	0.993	0.059	21.148	447.217	1.633
家庭设备及用品	13.727	0.026	0.998	7.073	43.333	1877.726	1.629
医疗保健	30.342	0.029	0.999	17.362	53.157	2825.647	1.279
交通通信	-16.113	0.057	0.997	-2.740	31.035	963.198	1.458
文教娱乐	50.241	0.063	0.998	8.608	34.665	1201.670	1.364
其他	0.773	0.022	0.996	0.282	26.139	683.242	1.431
消费	565.188	0.498	1.000	37.464	106.238	11286.613	2.617

注：$t\alpha_i$、$t\beta_i$ 分别为 α_i 和 β_i 的 t 检验值，以下各表相同。

表 1—15　　　　　2003 年中国农村居民 ELES 模型参数估计值

支出项目	α_i	β_i	R^2	$t\alpha_i$	$t\beta_i$	F	$D-W$
食品	472.083	0.154	0.994	19.208	21.501	462.274	1.513
衣着	33.581	0.028	1.000	31.913	92.889	8628.454	2.327
居住	10.987	0.110	0.988	0.464	15.982	255.434	1.424
家庭设备及用品	9.857	0.027	0.993	2.238	20.751	430.605	1.394
医疗保健	34.174	0.030	0.996	9.446	28.720	824.866	2.659
交通通信	-17.012	0.066	0.993	-1.549	20.812	433.141	1.753
文教娱乐	62.314	0.064	0.996	8.095	28.737	825.826	1.448
其他	3.204	0.015	0.998	2.473	39.137	1531.698	1.421
消费	609.188	0.494	1.000	33.560	93.669	8773.849	2.442

表 1—16　　　　　2004 年中国农村居民 ELES 模型参数估计值

支出项目	α_i	β_i	R^2	$t\alpha_i$	$t\beta_i$	F	$D-W$
食品	568.172	0.154	0.993	19.533	20.141	405.666	1.636
衣着	35.018	0.028	0.999	17.709	54.295	2947.923	2.337
居住	6.564	0.105	0.981	0.203	12.350	152.521	1.493
家庭设备及用品	6.376	0.027	0.986	0.873	14.281	203.952	1.472

续表

支出项目	α_i	β_i	R^2	$t\alpha_i$	$t\beta_i$	F	$D-W$
医疗保健	38.042	0.031	0.999	21.121	64.796	4198.531	2.604
交通通信	-13.087	0.068	0.992	-0.988	19.568	382.916	1.531
文教娱乐	57.880	0.063	0.999	12.536	51.839	2687.317	2.463
其他	4.720	0.014	0.997	2.521	29.318	859.563	2.507
消费	703.685	0.490	0.999	22.501	59.710	3565.269	1.725

表 1—17　　　　　2005 年中国农村居民 ELES 模型参数估计值

支出项目	α_i	β_i	R^2	$t\alpha_i$	$t\beta_i$	F	$D-W$
食品	662.325	0.150	0.995	24.400	23.430	548.975	1.505
衣着	53.345	0.029	0.999	20.534	46.566	2168.427	1.615
居住	86.932	0.085	0.992	4.698	19.429	377.499	1.444
家庭设备及用品	27.754	0.025	0.997	8.639	33.086	1094.665	1.475
医疗保健	67.500	0.030	0.995	13.514	25.568	653.698	1.316
交通通信	27.548	0.065	0.997	3.073	30.800	948.661	1.553
文教娱乐	86.582	0.063	0.999	19.884	61.012	3722.417	2.643
其他	11.568	0.013	0.999	11.565	54.585	2979.557	2.470
消费	1023.554	0.460	0.999	40.159	76.380	5833.859	2.344

表 1—18　　　　　2006 年中国农村居民 ELES 模型参数估计值

支出项目	α_i	β_i	R^2	$t\alpha_i$	$t\beta_i$	F	$D-W$
食品	637.175	0.159	0.998	32.698	37.784	1427.649	1.533
衣着	52.481	0.032	0.999	16.339	45.367	2082.770	2.110
居住	70.740	0.109	0.991	2.549	18.185	330.710	2.044
家庭设备及用品	28.337	0.027	0.999	11.427	50.248	2524.844	1.587
医疗保健	67.546	0.034	0.994	9.496	22.086	487.794	2.190
交通通信	33.465	0.070	0.997	3.558	34.434	1185.718	1.897
文教娱乐	70.324	0.064	0.997	7.387	31.315	980.600	2.368
其他	13.708	0.013	0.998	9.720	44.415	1972.697	2.904
消费	973.776	0.508	0.999	25.599	61.878	3828.832	2.516

表 1—19 　　　　　　2007 年中国农村居民 ELES 模型参数估计值

支出项目	α_i	β_i	R^2	$t\alpha_i$	$t\beta_i$	F	$D-W$
食品	756.510	0.150	0.996	25.262	26.911	724.228	1.703
衣着	66.706	0.030	0.999	22.076	53.386	2850.070	2.609
居住	93.322	0.114	0.994	3.422	22.400	501.769	1.729
家庭设备及用品	34.739	0.027	0.998	10.430	43.715	1911.044	2.541
医疗保健	85.774	0.030	1.000	80.678	149.037	22211.939	3.310
交通通信	37.297	0.069	0.998	4.344	43.133	1860.436	1.798
文教娱乐	46.113	0.062	0.997	4.538	32.484	1055.234	1.590
其他	12.683	0.015	0.999	10.688	65.959	4350.643	1.727
消费	1133.144	0.497	0.999	31.695	74.427	5539.305	2.536

表 1—20 　　　　　　2008 年中国农村居民 ELES 模型参数估计值

支出项目	α_i	β_i	R^2	$t\alpha_i$	$t\beta_i$	F	$D-W$
食品	889.657	0.147	0.996	25.836	26.375	695.615	1.901
衣着	72.967	0.029	0.998	14.448	35.177	1237.440	2.426
居住	79.177	0.124	0.983	1.373	13.283	176.434	1.336
家庭设备及用品	47.304	0.026	1.000	24.479	83.875	7035.076	2.480
医疗保健	94.584	0.031	0.999	22.453	45.950	2111.383	1.804
交通通信	37.390	0.067	0.992	1.772	19.552	382.290	1.544
文教娱乐	53.821	0.054	0.997	4.792	29.704	882.351	2.425
其他	18.780	0.012	1.000	24.496	96.640	9339.284	2.474
消费	1293.68	0.490	0.998	17.366	40.638	1651.470	1.721

表 1—21 　　　　　　2009 年中国农村居民 ELES 模型参数估计值

支出项目	α_i	β_i	R^2	$t\alpha_i$	$t\beta_i$	F	$D-W$
食品	908.072	0.139	0.997	29.599	30.551	933.349	2.000
衣着	83.244	0.029	0.998	15.619	36.021	1297.521	2.180
居住	155.02	0.124	0.985	2.591	13.952	194.653	1.379
家庭设备及用品	71.160	0.026	0.993	8.518	20.589	423.898	2.465
医疗保健	116.071	0.033	0.997	15.912	30.239	914.418	2.056
交通通信	41.244	0.069	0.990	1.543	17.388	302.352	1.456

续表

支出项目	α_i	β_i	R^2	$t\alpha_i$	$t\beta_i$	F	$D-W$
文教娱乐	59.365	0.054	0.997	5.464	33.296	1108.644	2.313
其他	16.207	0.013	0.996	5.005	26.960	26.960	1.998
消费	1450.383	0.487	0.997	15.217	34.313	1177.379	1.652

表 1—22　　　　　2010 年中国农村居民 ELES 模型参数估计值

支出项目	α_i	β_i	R^2	$t\alpha_i$	$t\beta_i$	F	$D-W$
食品	1015.013	0.131	0.996	28.822	28.663	821.545	1.911
衣着	91.410	0.029	0.999	23.410	56.725	3217.678	1.946
居住	150.170	0.114	0.992	3.358	19.631	385.380	1.662
家庭设备及用品	80.998	0.026	0.997	13.376	32.471	1054.391	1.336
医疗保健	128.035	0.033	0.999	29.050	57.674	3326.258	3.074
交通通信	23.357	0.073	0.988	0.654	15.708	246.738	1.434
文教娱乐	57.722	0.051	0.999	7.039	48.355	2338.217	2.001
其他	19.333	0.012	0.998	7.614	37.726	1423.241	1.516
消费	1566.038	0.469	0.999	26.889	62.030	3847.686	1.539

表 1—23　　　　2011 年中国农村居民消费支出 ELES 参数估计值

支出项目	α_i	β_i	R^2	$t\alpha_i$	$t\beta_i$	F	$D-W$
食品	1249.504	0.122	0.997	33.913	30.302	918.199	2.278
衣着	140.481	0.028	0.997	15.887	29.532	872.127	2.153
居住	326.564	0.090	0.992	7.660	19.336	373.890	1.693
家庭设备及用品	121.881	0.027	0.996	13.289	26.541	704.439	2.201
医疗保健	279.012	0.022	0.991	25.053	18.450	340.399	1.960
交通通信	126.455	0.059	0.991	4.306	18.593	345.694	1.698
文化	96.589	0.042	0.996	7.210	29.075	845.354	1.494
其他	38.453	0.012	0.998	12.297	34.720	1205.481	1.979
消费	22378.939	0.402	0.998	25.945	40.298	1623.908	2.128

表 1—24　　　　　2012 年中国农村居民消费支出 ELES 参数估计值

支出项目	α_i	β_i	R^2	$t\alpha_i$	$t\beta_i$	F	$D-W$
食品	1352.836	0.121	0.996	28.135	26.258	689.499	2.472
衣着	162.898	0.029	0.996	13.872	25.826	666.991	2.107
居住	436.958	0.081	0.991	9.175	17.733	314.457	2.549
家庭设备及用品	137.093	0.026	0.998	19.396	37.625	1415.612	2.380
医疗保健	339.029	0.022	0.976	16.536	11.100	123.209	2.002
交通通信	123.758	0.066	0.980	2.184	12.102	146.451	1.583
文化	105.787	0.042	0.996	6.328	26.383	696.054	1.595
其他	45.132	0.013	0.998	13.695	40.376	1630.238	1.945
消费	2703.491	0.400	0.997	21.251	32.730	1071.277	2.442

　　从回归估计的结果看，在 $\alpha = 0.1$ 的显著水平下，各类消费的回归方程均通过 F 检验，解释变量也均通过了 t 检验。并且各项 R^2 值都在 0.975 以上，2002、2003 这两年中国农村居民年纯收入和消费的 R^2 值高达 1.000，2007 和 2008 年有一共有三项 R^2 达到 1.000，这说明中国农村居民各年纯收入对各项消费支出高度相关，方程的拟合优度较高。同时，2002—2012 年各项消费支出方程的斜率均在 0 和 1 之间，符合模型中关于 $0 < \beta_i < 1$ 的要求。所以说，本书使用 ELES 模型对中国农村居民消费进行分析是完全可行的。根据前面所计算的各年各项目的参数值，可以估算出 2002—2012 年各项目的边际预算份额、需求收入弹性和基本需求支出，结果见表 1—25。

表 1—25　　中国农村居民消费需求边际预算份额、需求收入弹性和基本需求支出[1]

年份 项目	食品			衣着			居住		
	b_i	η_i	P_iX_i	b_I	η_i	P_iX_i	b_i	η_i	P_iX_i
2002	0.313	0.460	628.19	0.056	0.680	64.06	0.235	0.996	132.74
2003	0.312	0.461	657.49	0.057	0.686	67.29	0.223	0.963	143.42

―――――――――

　　[1]　关于此表的详细论述分布于下面各章中，故下面各章会反复引用此表。

续表

项目	食品			衣着			居住		
年份	b_i	η_i	P_iX_i	b_i	η_i	P_iX_i	b_i	η_i	P_iX_i
2004	0.314	0.443	780.66	0.057	0.701	73.65	0.214	0.979	151.44
2005	0.326	0.424	946.65	0.063	0.639	108.31	0.185	0.761	248.05
2006	0.313	0.472	951.87	0.063	0.686	115.82	0.215	0.847	286.47
2007	0.302	0.451	1094.43	0.060	0.651	134.29	0.229	0.835	350.14
2008	0.300	0.440	1262.54	0.059	0.654	146.53	0.253	0.882	393.72
2009	0.285	0.441	1301.06	0.060	0.642	165.23	0.255	0.805	505.60
2010	0.279	0.433	1401.36	0.062	0.653	176.94	0.243	0.818	486.38
2011	0.303	0.405	1734.84	0.070	0.582	251.87	0.224	0.658	684.60
2012	0.303	0.415	1898.04	0.073	0.585	293.57	0.203	0.595	801.93

项目	家庭设备及用品			医疗保健			交通通信		
年份	b_i	η_i	P_iX_i	b_i	η_i	P_iX_i	b_i	η_i	P_iX_i
2002	0.052	0.824	43.00	0.058	0.703	62.98	0.114	1.129	48.04
2003	0.055	0.878	42.36	0.061	0.697	70.29	0.134	1.109	62.45
2004	0.055	0.926	43.63	0.063	0.705	80.82	0.139	1.070	80.74
2005	0.054	0.746	75.14	0.065	0.591	124.36	0.141	0.885	150.75
2006	0.053	0.774	81.78	0.067	0.644	134.84	0.138	0.882	172.01
2007	0.054	0.763	95.56	0.060	0.592	153.36	0.139	0.885	192.74
2008	0.053	0.723	113.26	0.063	0.609	173.22	0.137	0.895	207.34
2009	0.053	0.653	144.67	0.068	0.594	209.37	0.142	0.896	236.33
2010	0.055	0.655	157.68	0.070	0.604	225.36	0.156	0.949	238.65
2011	0.067	0.607	229.29	0.055	0.355	366.53	0.147	0.765	361.17
2012	0.065	0.600	254.24	0.055	0.339	438.16	0.165	0.808	421.14

项目	文教娱乐			其他			基本需求支出总额
年份	b_i	η_i	P_iX_i	b_i	η_i	P_iX_i	$\sum P_iX_i$
2002	0.127	0.756	121.15	0.044	0.986	25.53	1125.69
2003	0.130	0.729	139.37	0.030	0.925	21.26	1203.93
2004	0.129	0.762	144.81	0.029	0.897	24.04	1379.78
2005	0.137	0.703	206.00	0.0.028	0.785	36.21	1895.47
2006	0.126	0.766	196.99	0.026	0.773	39.44	1979.22
2007	0.125	0.580	185.78	0.030	0.83	46.47	2252.77

续表

项目 年份	文教娱乐			其他			基本需求支出总额
	b_i	η_i	P_iX_i	b_l	η_i	P_iX_i	$\sum P_iX_i$
2008	0.110	0.827	190.80	0.024	0.753	49.22	2536.63
2009	0.111	0.824	212.04	0.027	0.805	52.961	2827.26
2010	0.109	0.839	208.13	0.026	0.786	54.72	2949.22
2011	0.104	0.752	263.67	0.030	0.685	86.19	3978.16
2012	0.105	0.759	295.03	0.033	0.695	103.71	4505.82

本表思路来自于黄宇（2008）[1]，特此感谢！

---

[1]　黄宇：《我国城镇居民消费动态演进分析——基于 ELES 模型的实证》，《山西财经大学学报》2008 年第 8 期。

第二章 中国农村居民食品
消费需求实证分析[*]

    农村居民食品消费支出指农村居民一年内消费的各类食品支出，包括粮食、副食品、烟、酒、糖及其他食品和相关服务。民以食为天，人们对舌尖上的安全日益关注，故食品消费在农村居民诸多的消费中显得尤为重要，农村居民食品消费质量的提高对促进农村居民的身体健康至关重要。

一　问题的提出与现有文献综述

    正因为食品消费在国民经济中占举足轻重的地位，所以，国内外对其研究的理论较多。中国从食品消费结构角度进行的研究颇多，张明宏等2004 年通过对相关数据的适当处理，利用扩展线性支出系统对中国农村居民主要食品消费结构进行了实证分析。同时分析了主要食品的边际预算份额、收入弹性和价格弹性的变化，并对 2005 年主要食品类商品消费需求进行预测，最后得出研究结论并提出政策建议。^① 王德章、王甲樑于2010 年围绕食品消费结构升级构建了分析模型，并就收入增长对食品支出增加、食品消费升级做了相关的定量分析，提出在解决温饱后检验富裕程度的指标是在食品支出中的绿色、有机食品所占比重。^② 也有对城乡居

---

  * 本章内容发表在《广东农业科学》2011 年第 17 期，在本书中作了修改。
  ① 张明宏、方晓军、顾保国：《中国农村居民主要食品消费结构实证研究》，《经济问题探索》2004 年第 2 期。
  ② 王德章、王甲樑：《新形势下我国食品消费结构升级研究》，《农业经济问题》2010 年第 6 期。

民食品消费进行比较研究的，如颜士锋于 2009 年认为，转型时期中国城乡居民的食品消费支出增加了两倍多，但是城乡居民的食品消费水平差别巨大。原因是影响城乡居民食品消费支出的因素不同，城镇居民的食品消费支出主要受消费惯性、人均可支配收入和制度变迁的影响，农村居民的食品消费支出主要受人均纯收入和价格的影响。[①] 朱海玲于 2007 年运用扩展线性支出系统模型对湖南省城镇居民的食品消费变化进行了实证研究，结果认为，食品消费仍是湖南城镇居民消费支出中的主要内容之一，它在城镇居民的消费支出中仍然占有较大的比重，但是随着居民收入和生活质量的提高，食品的边际消费倾向已大幅下降，从而从实证的角度验证了恩格尔定律的假说。[②] 专门针对中国农村居民食品消费进行的研究较少，姜百臣于 2007 年采用近似理想需求系统模型对吉林省农村居民的食品消费行为进行的实证分析表明，所有估计食品的支出弹性都是正值，其中，谷物类、豆及豆制品类和肉蛋奶及其制品类的支出弹性都大于 1，因此，农村居民增加收入后将普遍提高对各类食品的需求，提高最多的将是高档细粮、豆制品和动物性食品的需求。同时，农村居民平均消费倾向不高，说明农村居民面临较重的支出负担、不稳定的预期收入以及需要独立承担的市场风险影响了中国农村居民消费能力的提高。[③] 曹志宏，陈志超，郝晋珉于 2012 年基于能值理论，对比动物性荤食和植物性素食重量形态、能量形态和能值形态的数量关系，定量分析中国城乡居民食品消费的变化趋势及特征。研究表明：中国城乡居民食品消费仍然以素食消费为主，另一方面以动物性荤食的能值形态数值已经远超植物性素食，表明其居民食物消费方式已经向营养均衡多样化方向演进，畜牧业的健康发展是保障居民食品消费和国家粮食安全的重要部分。中国城乡居民食品消费整体还表现出二元性特征，近年来城乡居民食品消费结构差异程度呈逐年增加的趋势，同时，农民具有农产品生产者和消费者的双重身份，因此，相

---

① 颜士锋：《转型时期我国城乡居民食物消费支出变化及原因分析》，《产业经济评论》2009 年第 3 期。

② 朱海玲：《湖南城镇居民食品消费 ELES 模型弹性分析》，《食品与机械》2007 年第 5 期。

③ 姜百臣：《中国农村居民食品消费需求实证分析》，《中国农村经济》2007 年第 7 期。

对而言，农村居民对食品消费的增长趋势更加稳定。又由于，相同数量的动物性荤食在生产过程中需要占用更多的农业资源，因此，中国城乡居民食品消费变化对其农业生产和粮食安全生产必将产生更大的压力。[①] 2013年国民经济和社会发展统计公报显示，2013 年末中国内地总人口为136072 万人，比上年末增加 668 万人，其中城镇常住人口为 73111 万人，占总人口比重为 53.73%，比上年末提高 1.16 个百分点。按照此数据推算，2013 年末中国农村居民总人口为 62961 万人，占总人口比重为46.27%。占中国人口将近一半的农村居民食品消费的多少，必然会影响到中国城乡居民整体的消费需求。当前，在国家关注民生的大背景下，研究中国农村居民食品消费状况，并得出结论，对于中国经济又好又快发展具有重要的意义。

二　恩格尔系数

食品消费占消费支出的比例为恩格尔系数，可用恩格尔定律进行说明，"恩格尔定律"是 19 世纪中期德国著名统计学家恩格尔创立的，对于研究消费结构的发展规律具有重要意义。根据恩格尔定律，一个家庭收入越少，家庭收入中或家庭总支出中用来购买食物支出所占的比例就越大，随着家庭收入的增加，家庭收入中或家庭总支出中用来购买食物的支出所占比例将会下降。联合国粮农组织规定：恩格尔系数在 59% 以上，称为绝对贫困；50%—59%，称为勉强度日；40%—50%，称为小康水平；20%—40%，称为富裕；20% 以下称为最富裕。

中国农村居民的恩格尔系数如表 2—1 所示，从 1978 年的 67.7% 下降至 2012 年的 39.3%。在 1980 年及以前，中国农村居民的恩格尔系数超过了60%，农村居民生活处于绝对贫困状态，符合当时农村居民的生活状况；除了 1982 年，1981—1999 年，中国农村居民的恩格尔系数超过 50%，农村

---

① 曹志宏、陈志超、郝晋珉：《中国城乡居民食品消费变化趋势分析》，《长江流域资源与环境》2012 年第 10 期。

居民生活处于勉强度日阶段；在 2000—2011 年，随着中国市场经济的稳步推进，中国农村居民的生活也有了翻天覆地的变化，恩格尔系数高于 40%，低于 50%，农村居民生活达到了小康水平。2012 年，中国农村居民的恩格尔系数下降至 39.3%，农村居民的生活达到了富裕水平。消费模式由满足吃、穿为主的生存性，逐步向发展型过渡。从后面的图 2—1 中可以看出，自 1978 年以来，中国农村居民的恩格尔系数呈下降趋势，农村居民生活质量不断提高，食品消费在农村居民消费支出中的比例不断下降。

表 2—1　　1978—2012 中国农村居民食品消费支出与恩格尔系数　　单位：人/元

年份	纯收入	消费支出	食品支出	恩格尔系数%	年份	纯收入	消费支出	食品支出	恩格尔系数%
1978	133.6	116.1	78.6	67.7	1996	1926.1	1572.1	885.5	56.3
1980	191.3	162.2	100.2	61.8	1997	2090.1	1617.2	890.3	55.1
1981	223.4	190.8	114.1	59.9	1998	2162.0	1590.3	849.6	53.4
1982	270.1	220.2	133.5	60.7	1999	2210.3	1577.4	829.0	52.6
1983	309.8	248.3	147.6	59.4	2000	2253.42	1670.1	820.5	49.1
1984	355.3	273.8	162.3	59.2	2001	2366.4	1741.1	830.7	47.7
1985	397.6	317.4	183.4	57.8	2002	2475.6	1834.3	848.4	46.2
1986	423.8	357.0	201.5	56.4	2003	2622.2	1943.3	886.0	45.6
1987	462.6	398.3	222.1	55.8	2004	2936.4	2184.7	1031.9	47.2
1988	544.9	476.7	257.8	54.0	2005	3254.93	2555.4	1162.2	45.5
1989	601.5	535.4	293.4	54.8	2006	3587.0	2829.0	1217.0	43.0
1990	686.31	584.6	343.8	58.8	2007	4140.4	3223.9	1389.0	43.1
1991	708.6	619.8	357.1	57.6	2008	4760.6	3660.7	1598.7	43.7
1992	784.0	659.0	379.3	57.6	2009	5153.2	3993.5	1636.0	41.0
1993	921.6	769.7	446.8	58.1	2010	5919.01	4381.8	1800.7	41.1
1994	1221.0	1016.8	598.5	58.9	2011	6977.29	5221.6	2107.3	40.4
1995	1577.74	1310.4	768.2	58.6	2012	7916.58	5908.02	2323.89	39.3

资料来源：主要根据《中国统计年鉴》相关各年中的数据整理而来。

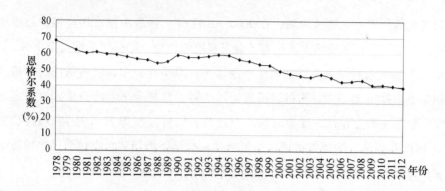

图 2—1 中国农村居民恩格尔系数

　　中国五等份农村居民家庭恩格尔系数如表 2—2 所示。从横向看，中国五等份农村居民家庭恩格尔系数随着收入档次的提高呈下降态势，符合恩格尔定律，即收入等级越高的家庭，食品消费支出比重越低。中等收入户农村居民家庭恩格尔系数接近中国农村居民恩格尔系数平均水平。把按收入五等份农村居民家庭恩格尔系数相减可得到表 2—3，从中可以看出，2002 年农村低收入户恩格尔系数比中等偏下户、中等收入户、中等偏上户、高收入户分别高出 3.47、6.7、10.37、17.19 个百分点；2003 年，低收入户恩格尔系数比中等偏下户、中等收入户、中等偏上户、高收入户分别高出 2.22、5.53、8.42、16.01 个百分点；2004 年，低收入户恩格尔系数比中等偏下户、中等收入户、中等偏上户、高收入户分别高出 2.43、5.1、8.16、16.52 个百分点；2005 年，低收入户恩格尔系数比中等偏下户、中等收入户、中等偏上户、高收入户分别高出 1.77、3.28、6.37、12.08 个百分点；2006 年，低收入户恩格尔系数比中等偏下户、中等收入户、中等偏上户、高收入户分别高出 1.52、4.6、7.23、12.32 个百分点；2007 年，低收入户恩格尔系数比中等偏下户、中等收入户、中等偏上户、高收入户分别高出 2.51、5.22、7.68、13.62 个百分点；2008 年，低收入户恩格尔系数比中等偏下户、中等收入户、中等偏上户、高收入户分别高出 1.98、4.29、7.43、13.96 个百分点；2009 年，低收入户恩格尔系数比中等偏下户、中等收入户、中等偏上户、高收入户分别高出 1.12、3.3、6.46、12.24 个百分点；2010 年，低收入户恩格尔系数比中等偏下户、中等收入户、中等偏上户、高收入户分别高出 3.29、5.44、8.04、14.25 个百分点；2011 年，低收入户恩格尔系数比中等偏下户、中等收入户、中等偏上户、高收入户分别高出 1.18、3.11、4.93、9.16 个百分点；2012 年，低收入户恩格尔系数比中等偏下户、中等收入户、中等偏上户、高收入户分别高出 0.68、2.83、4.7、8.04 个百分点。从以上可以看出，除了某些年份偶有反复，中国农村低收入户恩格尔系数与其他四种收入户的差距越来越小，表明农村居民生活水平在不断提高。

表 2—2　　　　　　　　　按收入五等份农村居民家庭恩格尔系数　　　　　　　单位:%

年份＼指标	总平均	低收入户（20%）1	中等偏下户（20%）2	中等收入户（20%）3	中等偏上户（20%）4	高收入户（20%）5
2002	46.2	55.88	52.41	49.18	45.51	38.69
2003	45.6	54.06	51.84	48.53	45.64	38.05
2004	47.2	55.63	53.20	50.53	47.47	39.11
2005	45.5	51.43	49.66	48.15	45.06	39.35
2006	43.0	49.57	48.05	44.97	42.34	37.25
2007	43.1	50.37	47.86	45.15	42.69	36.75
2008	43.7	50.75	48.77	46.46	43.32	36.79
2009	41.0	47.00	45.88	43.70	40.54	34.76
2010	41.1	48.78	45.49	43.34	40.74	34.53
2011	40.4	44.84	43.66	41.73	39.91	35.68
2012	39.3	43.30	42.62	40.47	38.60	35.26

资料来源：主要根据《中国统计年鉴》相关各年中的数据整理而来。

表 2—3　　　　　　　　按收入五等份农村居民家庭恩格尔系数之差　　　　　　单位:%

年份＼指标	1—2	1—3	1—4	1—5
2002	3.47	6.7	10.37	17.19
2003	2.22	5.53	8.42	16.01
2004	2.43	5.1	8.16	16.52
2005	1.77	3.28	6.37	12.08
2006	1.52	4.6	7.23	12.32

续表

指标 年份	1—2	1—3	1—4	1—5
2007	2.51	5.22	7.68	13.62
2008	1.98	4.29	7.43	13.96
2009	1.12	3.3	6.46	12.24
2010	3.29	5.44	8.04	14.25
2011	1.18	3.11	4.93	9.16
2012	0.68	2.83	4.7	8.04

资料来源：主要根据《中国统计年鉴》相关各年中的数据整理而来。

从区域上可以看出（表2—4），2012年中国西部地区农村居民恩格尔系数最高，为41.52%，说明了西部农村地区的经济发展处于落后水平，农村居民的生活水平还比较低，食物支出在西部农村居民消费支出中所占的比重较大；其次是中部地区，农村居民恩格尔系数为38.75%；再次是东部地区，恩格尔系数为38.36%；东北地区农村居民恩格尔系数最低，为37.66%。

表2—4　　　按区域分的农村居民家庭恩格尔系数情况（2012年）

项目	东部地区	中部地区	西部地区	东北地区
消费支出（元）	7682.97	5469.00	4798.36	5941.18
食品（元）	2947.51	2119.22	1992.23	2237.25
恩格尔系数（%）	38.36	38.75	41.52	37.66

资料来源：主要根据《中国统计年鉴》相关各年中的数据整理而来。

从2012年中国各省市（自治区）农村居民恩格尔系数来看（表2—5），西北地区的陕西农村居民恩格尔系数最低，为29.72%，低于30%。华北地区、东北地区、西部大部分地区的恩格尔系数在30%—40%之间，华南、西南地区的恩格尔系数在40%—50%之间，海南、西藏的恩格尔系数较高，超过了50%。

表 2—5　　　　2012 年各省市（自治区）农村居民恩格尔系数

省份	消费支出（元）	食品支出（元）	恩格尔系数（%）	省份	消费支出（元）	食品支出（元）	恩格尔系数（%）
全国	5908.02	2323.89	39.33	河南	5032.14	1701.75	33.82
北京	11878.92	3944.76	33.21	湖北	5726.73	2154.01	37.61
天津	8336.55	3019.86	36.22	湖南	5870.12	2574.81	43.86
河北	5364.14	1817.00	33.87	广东	7458.56	3658.66	49.05
山西	5566.19	1859.98	33.42	广西	4933.58	2085.63	42.27
内蒙古	6381.97	2379.76	37.29	海南	4776.30	2410.07	50.46
辽宁	5998.39	2299.99	38.34	重庆	5018.64	2216.15	44.16
吉林	6186.17	2268.76	36.67	四川	5366.71	2514.16	46.85
黑龙江	5718.05	2164.94	37.86	贵州	3901.71	1740.58	44.61
上海	11971.50	4847.59	40.49	云南	4561.33	2080.61	45.61
江苏	9138.18	3049.11	33.37	西藏	2967.56	1592.00	53.65
浙江	10652.73	3947.31	37.05	陕西	5114.68	1520.10	29.72
安徽	5555.99	2180.80	39.25	甘肃	4146.24	1648.60	39.76
福建	7401.92	3403.46	45.98	青海	5338.91	1858.62	34.81
江西	5129.47	2232.83	43.53	宁夏	5351.36	1891.37	35.34
山东	6775.95	2321.46	34.26	新疆	5301.25	1891.10	35.67

资料来源：主要根据《中国统计年鉴》相关各年中的数据整理而来。

三　中国农村居民食品消费内容的变化

随着中国农村居民收入水平的不断提高，从 1978 年的人均 133.6 元增加到 2012 年的 7916.58 元，增长了 58.3 倍。与此同时，中国农村居民生活消费支出也呈现增长的势头，从 1978 年的 116.1 元提高到 2012 年的 5908.02 元，增长了 50 倍。其中，食品作为农村居民首要的消费支出类别，也呈现不断增长趋势，从 1978 年的 78.6 元增加到 2012 年的 2323.89 元，增长了 28.6 倍。其变化曲线可参见图 2—2。

中国农村居民的食品消费量的提高也带来了食品消费内容的变化。如表 2—6 所示，中国农村居民食品消费内容日益多样化，除了粮食、蔬菜外，还有食油、植物油、猪牛羊肉、禽类、蛋、奶、水产品、酒等。从中国农村居民食品消费构成来看，中国农村居民食品消费更加合理。

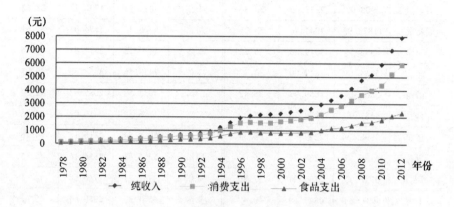

图2—2　中国农村居民食品消费支出

第一，粮食消费逐渐下降。在2000年以前，中国农村居民平均每人的粮食需求量在256千克左右，自2000年以来，随着农村居民生活水平的提高，农村居民粮食消费量明显下降，从2000年的平均每人250.23千克下降为2012年的164.27千克，其中，小麦从平均每人80.27千克下降为2012年的52.33千克，稻谷从2000年的平均每人126.82千克下降为2012年的92.59千克，大豆从2000年的平均每人2.53千克下降为2012年的1.14千克。

第二，蔬菜消费量不断减少。蔬菜的消费量在1991年以前农村居民平均每人在134千克左右，自1992年起，中国农村居民每人蔬菜消费量呈下降趋势，从1992年的127千克下降为2012年的84.72千克。

第三，肉禽蛋类消费需求旺盛。食用油及其当中的植物油，自1978年以来呈增长趋势，其中，食用油从1978年的2千克增加到2012年的7.8千克，植物油从1978年的1.3千克增加到2012年的6.9千克。肉禽及其制品包括猪肉、牛肉、羊肉、家禽等的消费量在这几年间虽然有反复，但都呈递增趋势。说明随着农村居民收入的提高，农村居民不单单追求吃饱，也注重吃的质量，讲究荤素搭配，以追求营养均衡，身体健康。

农村居民对猪牛羊肉的需求量增加，从 1978 年的 5.8 千克增加到 2012 年的 16.4 千克。其中，猪肉的消费量最多，从 1978 年的 5.2 千克增加到 2012 年的 14.4 千克。禽类的消费量也缓慢增加，从 1978 年的 0.3 千克增加到 2012 年的 4.5 千克。

第四，蛋、奶及其制品的需求量上升。其中对蛋及其制品的需求从 1978 年的 0.8 千克增加到 2012 年的 5.9 千克；奶及其制品的需求量从 1982 年的 0.7 千克增加到 5.3 千克。对水产品的需求量与奶及其制品的需求量相当，从 1978 年的 0.8 千克增加 5.4 千克；在中国农村居民当中也存在着酒文化，对酒的消费从 1978 年的 1.2 千克增加到 2012 年的 10 千克。

第五，坚果需求上升。中国农村居民对蛋、奶及其制品、水产品、酒、瓜果、坚果及其制品的消费量都在不断增加。对瓜果及其制品的需求量增加较多，从 1990 年的 5.9 千克增加到 2012 年的 22.8 千克。

随着农村居民饮食质量的提高，其对食品的消费方式也发生了变化，在遇到"婚丧嫁娶"等大事时，不像以前由自己操办，现在也如城市一样，请亲戚朋友到外面的餐馆用餐，而且为了追求方便、快捷，平时在外就餐次数也逐渐增多。

表 2—6　　　　　　农村居民家庭平均每人主要食品消费量　　　　单位：千克

品名 ＼ 年份	1978	1979	1980	1981	1982	1983	1984
粮食（原粮）	247.8	256.7	257.2	256.1	260	259.9	266.5
蔬菜	141.5	131.2	127.2	124	132	131	140
食油	2	2.4	2.5	3.1	3.4	3.5	4
植物油	1.3	1.5	1.4	1.9	2.1	2.2	2.5
猪牛羊肉	5.8	6.5	7.7	8.7	9.1	10	10.6
猪肉	5.2	6.1	7.3	8.2	8.4	9.3	9.9
禽类	0.3	0.3	0.7	0.7	0.8	0.8	0.9
蛋及其制品	0.8	0.9	1.2	1.3	1.4	1.6	1.8
奶及其制品	—	—	—	—	0.7	0.8	0.8
水产品	0.8	0.7	1.1	1.3	1.3	1.6	1.7

续表

品名＼年份	1978	1979	1980	1981	1982	1983	1984
食糖	0.7	0.8	1.1	1.1	1.2	1.3	1.3
酒	1.2	1.4	1.9	2.3	2.7	3.2	3.5

品名＼年份	1985	1986	1987	1988	1989	1990	1991
粮食（原粮）	257.5	259.3	259.4	259.5	262.3	262.1	255.6
蔬菜	131.1	133.7	130.4	130.1	133.4	134	127
食油	4	4.2	4.7	4.8	4.8	5.2	5.7
植物油	2.6	2.6	3.1	3.3	3.3	3.5	3.9
猪牛羊肉	11	11.8	11.7	10.7	11	11.3	12.2
猪肉	10.3	11.1	11	10.1	10.3	10.5	11.2
禽类	1	1.1	1.2	1.3	1.3	1.3	1.3
蛋及其制品	2.1	2.1	2.3	2.3	2.4	2.4	2.7
奶及其制品	0.8	1.4	1.1	1.1	1	1.1	1.3
水产品	1.6	1.9	2	1.9	2.1	2.1	2.2
食糖	1.5	1.6	1.7	1.4	1.5	1.5	1.4
酒	4.4	5	5.5	5.9	6	6.1	6.4

品名＼年份	1992	1993	1994	1995	1996	1997	1998
粮食（原粮）	250.5	251.8	257.6	256.1	256.2	250.7	248.9
蔬菜	129.1	107.4	107.9	104.6	106.3	107.2	109
食油	5.9	5.7	5.7	5.8	6.1	6.2	6.1
植物油	4.1	4.1	4.1	4.3	4.5	4.7	4.6
猪牛羊肉	11.8	11.7	11	11.3	12.9	12.7	13.2
猪肉	10.9	10.9	10.2	10.6	11.9	11.5	11.9
禽类	1.5	1.6	1.6	1.8	1.9	2.4	2.3
蛋及其制品	2.9	2.9	3	3.2	3.4	4.1	4.1
奶及其制品	1.5	0.9	0.7	0.6	0.8	1	0.9
水产品	2.3	2.8	3	3.4	3.7	3.8	3.7
食糖	1.5	1.4	1.3	1.3	1.4	1.4	1.4
酒	6.6	6.5	6	6.5	7.1	7.1	7

品名＼年份	1999	2000	2001	2002	2003	2004	2005
粮食（原粮）	247.5	250.23	238.6	236.50	222.44	218.26	208.85
小麦	—	80.27	—	76.31	73.23	72.39	68.44

续表

品名 \ 年份	1999	2000	2001	2002	2003	2004	2005
稻谷	—	126.82	—	123.11	119.31	117.40	113.36
大豆	—	2.53	—	2.20	2.05	1.91	1.91
蔬菜	108.9	106.74	109.3	110.55	107.40	106.61	102.28
食油	6.2	7.06	7	7.53	6.27	5.29	6.01
植物油	4.6	5.45	5.5	5.77	5.31	4.31	4.90
肉禽及其制品	—	18.30	18.2	18.60	19.68	19.24	22.42
猪肉	12.7	13.28	14.5	13.70	13.78	13.46	15.62
牛肉	—	0.52	13.4	0.52	0.50	0.48	0.64
羊肉	—	0.61	0.6	0.65	0.76	0.82	0.83
家禽	2.5	2.81	2.9	2.91	3.24	3.13	3.67
蛋及其制品	4.3	4.77	4.7	4.66	4.81	4.59	4.71
奶及其制品	1	1.06	1.2	1.19	1.71	1.98	2.86
水产品	3.8	3.92	4.1	4.36	4.65	4.49	4.94
食糖	1.5	1.28	1.4	1.64	1.24	1.11	1.13
酒	7	7.02	7.1	7.50	7.67	7.84	9.59
瓜果及其制品	—	18.31	20.3	18.77	17.54	16.97	17.18
坚果及其制品	—	0.74	0.8	0.78	0.72	0.73	0.81

品名 \ 年份	2006	2007	2008	2009	2010	2011	2012
粮食（原粮）	205.62	199.48	199.07	189.26	181.44	170.74	164.27
小麦	66.11	64.41	62.74	59.56	57.52	54.75	52.33
稻谷	111.93	109.35	110.98	105.67	101.91	97.09	92.59
大豆	2.09	1.74	1.75	1.69	1.61	1.38	1.14
蔬菜	100.53	98.99	99.72	98.44	93.28	89.36	84.72
食油	5.84	5.96	6.25	6.25	6.31	7.48	7.83
植物油	4.72	5.06	5.36	5.42	5.52	6.60	6.93
肉禽及其制品	22.31	20.54	20.15	21.53	22.15	23.30	23.45
猪肉	15.46	13.37	12.65	13.96	14.40	14.42	14.40
牛肉	0.67	0.68	0.56	0.56	0.63	0.98	1.02
羊肉	0.90	0.83	0.73	0.81	0.80	0.92	0.94
家禽	3.51	3.86	4.36	4.25	4.17	4.54	4.49
蛋及其制品	5.00	4.72	5.43	5.32	5.12	5.40	5.87

续表

年份\品名	2006	2007	2008	2009	2010	2011	2012
奶及其制品	3.15	3.52	3.43	3.60	3.55	5.16	5.29
水产品	5.01	5.36	5.25	5.27	5.15	5.36	5.36
食糖	1.09	1.07	1.11	1.07	1.03	1.04	1.19
酒	9.97	10.18	9.67	10.08	9.74	10.15	10.04
瓜果及其制品	19.09	19.43	19.37	20.54	19.64	21.30	22.81
坚果及其制品	0.89	1.04	0.93	1.05	0.96	1.21	1.30

资料来源：主要根据《中国统计年鉴》相关各年中的数据整理而来。

四　扩展线性支出系统(ELES)模型的检验

根据《中国统计年鉴》（2003—2013）中 2002—2012 年中国农村五种收入分组家庭人均年纯收入和消费支出结构的数据（表 2—7），运用扩展线性支出系统模型，以中国农村居民人均年纯收入为自变量，以食品消费支出为因变量，借助统计软件 SPSS13.0 进行回归分析，各年回归方程的参数估计以及 t 检验值如表 2—8 所示。

表 2—7　　　　2002—2012 中国农村居民食品消费支出　　　　单位：元

年份	项目	总平均	低收入	中低收入户	中等收入户	中高收入户	高收入户
2002	纯收入	2475.63	857.13	1547.53	2164.11	3030.45	5895.63
	食品支出	848.35	562.37	686.76	808.99	949.52	1354.31
	消费支出	1834.31	1006.35	1310.33	1645.04	2086.61	3500.08
2003	纯收入	2622.24	865.90	1606.53	2273.13	3206.79	6346.86
	食品支出	886.03	575.66	714.11	840.82	999.23	1429.05
	消费支出	1943.30	1064.76	1377.56	1732.74	2189.27	3755.57
2004	纯收入	2936.40	1006.87	1841.99	2578.49	3607.67	6930.65
	食品支出	1031.91	694.37	841.12	986.11	1167.53	1614.88
	消费支出	2184.65	1248.29	1580.99	1951.46	2459.55	4129.12
2005	纯收入	3254.93	1067.22	2018.31	2850.95	4003.33	7747.35
	食品支出	1162.16	796.26	950.12	1120.87	1297.26	1807.58
	消费支出	2555.40	1548.30	1913.07	2327.69	2879.06	4593.05

续表

年份	项目	总平均	低收入	中低收入户	中等收入户	中高收入户	高收入户
2006	纯收入	3587.04	1182.46	2222.03	3148.50	4446.59	8474.79
	食品支出	1216.99	805.33	979.77	979.77	1154.77	1367.76
	消费支出	2829.02	1624.73	2039.13	2567.92	3230.35	5276.75
2007	纯收入	4140.36	1346.89	2581.75	3658.83	5129.78	9790.68
	食品支出	1388.99	932.16	1128.45	1326.59	1572.02	2202.97
	消费支出	3223.85	1850.59	2357.90	2938.47	3682.73	5994.43
2008	纯收入	4760.62	1499.81	2934.99	4203.12	5928.60	11290.20
	食品支出	1598.75	1088.41	1293.70	1526.96	1815.70	2521.54
	消费支出	3660.68	2144.78	2652.77	3286.44	4191.25	6853.69
2009	纯收入	5153.17	1549.30	3110.10	4502.08	6467.56	12319.05
	食品支出	1636.04	1106.77	1317.21	1549.73	1861.70	2601.79
	消费支出	3993.45	2354.92	2870.95	3546.04	4591.81	7485.71
2010	纯收入	5919.01	1869.80	3621.23	5221.66	7440.56	14049.69
	食品支出	1800.67	1236.73	1464.57	1718.02	2047.57	2828.41
	消费支出	4381.82	2535.35	3219.47	3963.80	5025.58	8190.38
2011	纯收入	6977.29	2000.51	4255.75	6207.68	8893.59	16783.06
	食品支出	2107.34	1485.44	1729.89	2010.66	2395.46	3264.36
	消费支出	5221.13	3312.59	3962.29	4817.91	6002.88	9149.57
2012	纯收入	7916.58	2316.21	4807.47	7041.03	10142.08	19008.89
	食品支出	2323.89	1620.32	1902.73	2197.42	2672.60	3622.70
	消费支出	5908.02	3742.25	4464.34	5430.32	6924.19	10275.30

资料来源：主要根据《中国统计年鉴》相关各年中的数据整理而来。

表 2—8　　2002—2012 中国农村居民食品 ELES 模型参数估计值

年份	项目	α_i	β_i	R^2	$t\alpha_i$	$t\beta_i$	F	$D-W$
2002	食品	452.610	0.156	0.995	22.027	24.352	593.070	1.431
	总消费	565.188	0.498	1.000	37.464	106.238	11286.613	2.617
2003	食品	472.083	0.154	0.994	19.208	21.501	462.274	1.513
	总消费	609.188	0.494	1.000	33.560	93.669	8773.849	2.442
2004	食品	568.172	0.154	0.993	19.533	20.141	405.666	1.636
	总消费	703.685	0.490	0.999	22.501	59.710	3565.269	1.725

续表

年份	项目	α_i	β_i	R^2	$t\alpha_i$	$t\beta_i$	F	$D—W$
2005	食品	662.325	0.150	0.995	24.400	23.430	548.975	1.505
	总消费	1023.554	0.460	0.999	40.159	76.380	5833.859	2.344
2006	食品	637.175	0.159	0.998	32.698	37.784	1427.649	1.533
	总消费	973.776	0.508	0.999	25.599	61.878	3828.832	2.516
2007	食品	756.510	0.150	0.996	25.262	26.911	724.228	1.703
	总消费	1133.144	0.497	0.999	31.695	74.427	5539.305	2.536
2008	食品	889.657	0.147	0.996	25.836	26.375	695.615	1.901
	总消费	1293.68	0.490	0.998	17.366	40.638	1651.470	1.721
2009	食品	908.072	0.139	0.997	29.599	30.551	933.349	2.000
	总消费	1450.383	0.487	0.997	15.217	34.313	1177.379	1.652
2010	食品	1015.013	0.131	0.996	28.822	28.663	821.545	1.911
	总消费	1566.038	0.469	0.999	26.889	62.030	3847.686	1.539
2011	食品	1249.504	0.122	0.997	30.302	33.913	918.199	2.2777
	总消费	2378.939	0.402	0.998	25.945	40.298	1623.908	2.128
2012	食品	1352.836	0.121	0.996	26.258	28.135	689.499	2.472
	总消费	2703.491	0.400	0.997	21.251	32.730	1071.277	2.442

从回归估计的结果看，在 $\alpha = 0.1$ 的显著水平下，各类消费的回归方程均通过 F 检验，解释变量也均通过了 t 检验。并且各项 R^2 值都在 0.992 以上，说明中国农村居民各年纯收入对总消费支出、食品消费高度相关，方程的拟合优度较高。同时，2002—2012 年各项消费支出方程的斜率均在 0 和 1 之间，符合模型中关于 $0 < \beta_i < 1$ 的要求。所以，本书使用 ELES 模型对中国农村居民食品消费支出进行分析是完全可行的。根据上文所计算的各年食品消费支出的参数值，可以估算出 2002—2012 年食品消费支出的边际预算份额、需求收入弹性和基本需求支出，结果见表 2—9。

表2—9　　中国农村居民食品边际预算份额、需求收入弹性和基本需求支出

年份	边际消费倾向 β_i	边际预算份额 b_i	需求收入弹性 η_i	$P_i X_i$ 基本需求支出（元/人）
2002	0.156	0.313	0.460	628.19
2003	0.154	0.312	0.461	657.49
2004	0.154	0.314	0.443	780.66
2005	0.150	0.326	0.424	946.65
2006	0.159	0.313	0.472	951.87
2007	0.150	0.302	0.451	1094.43
2008	0.147	0.300	0.440	1262.54
2009	0.139	0.285	0.441	1301.06
2010	0.131	0.279	0.433	1401.361
2011	0.122	0.303	0.405	1734.84
2012	0.121	0.303	0.415	1898.04

注：b_i 是指边际预算份额。

五　中国农村居民食品消费需求实证分析

（一）边际消费倾向和边际预算份额分析

边际消费倾向是指增加的消费与增加的收入之比率，中国农村居民整体边际消费倾向在 0.49 左右，且呈波浪式下降趋势，说明中国农村居民储蓄率较高，收入增加后用于消费的比例不高。如表 1—25 所示，在中国农村居民各大类总的边际消费倾向系数中，食品的边际消费倾向在这 11 年中每年都是最高的，一直在 0.139 之上，且比其余各项边际消费倾向大很多，说明对中国农村居民而言，食品消费是基本消费支出。当收入增加后，中国农村居民首先考虑的是增加食品的消费量，然后再考虑其他类别的消费。从纵向来看，中国农村居民食品边际消费倾向整体上呈下降趋势，从 2002 年的 0.156 下降到 2012 年的 0.121，下降了 3.5 个百分点。说明中国农村居民纯收入增量中用于食品消费的增量在减少，由于农村居民考虑到未来的医疗、教育、养老等多重负担，因此倾向于把增加的收入储蓄起来，导致食品消费受到制约。

　　根据公式 $b_i = \beta_i / \Sigma \beta_i$ 可以计算出边际预算份额，从而得出近几年中国农村居民消费支出的增量结构，详细情况可再见表1—25。与中国农村居民食品边际消费倾向一致，2002—2012年，农村居民食品的边际预算份额每年都居于八大类之首，说明今后农村居民在收入增加后将会把更多的开支用于食品消费。如图2—3所示，中国农村居民食品的边际预算份额呈倒"U"型趋势，说明随着农村居民人均纯收入的提高，农村居民更加注重食品质的提高。

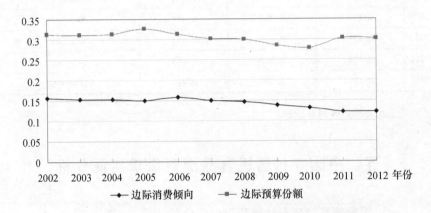

图2—3　中国农村居民食品边际消费倾向和边际预算份额

（二）需求收入弹性分析

　　需求收入弹性表示在一定时期内消费者对某种商品需求量的变动对于消费者收入量变动的反应程度。η_i 表示弹性，根据公式 $\eta_i = \beta_i Y / V_i$ 和已知数据可求出中国农村居民需求收入弹性，可再见表1—25。这11年中国农村居民八大项消费需求收入弹性都大于0，说明如果中国农村居民纯收入增加，将会增加各类商品或服务的消费。按照经济学原理，当需求收入弹性为正值时，即 $\eta_i > 0$，该商品为正常，需求收入弹性为正值时又分为两种情况：一种是当需求收入弹性大于1时，即 $\eta_i > 1$，该商品为奢侈品，这时需求量增加的幅度大于收入增加的幅度；另一种是当需求收入弹性大于零而小于1时，即 $0 < \eta_i < 1$，该商品为必需品。近几年食品的需求收入弹性都大于0小于1，说明食品对收入变动的反应不敏感，缺乏弹性，中国农村居

民对食品需求的增长低于其收入的增长。食品需求收入弹性在这 11 年间一直位居倒数第一，符合食品作为生活必需品的特性，说明中国农村居民的基本生活消费已得到满足，今后会更加注重交通通信、文教娱乐等享受型和发展型消费。从纵向来看，如图 2—4 所示，中国农村居民食品需求收入弹性一直稳定在 0.44 左右，且呈波浪式下降态势，说明随着收入的增加，食品消费需求增加的幅度不大，这与农村落后的消费环境有关系。虽然农村市场农产品日益丰富，但依然缺乏物美价廉的大型连锁超市、集贸市场及批发市场等综合交易市场，所以农村居民在收入增加后，由于无法方便地获取到所需要的食品，食品消费的增加幅度小就不足为奇了。

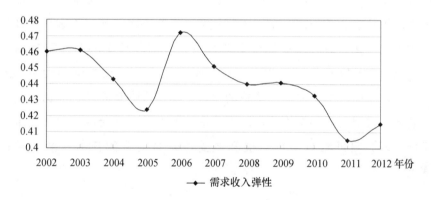

图 2—4　中国农村居民食品需求收入弹性

（三）基本需求支出分析

基本需求支出是指为了保证劳动力再生产对物质产品和劳务所需的基本消费量的货币支付能力，反映了居民最低消费需求，即表中的 P_iX_i。从前面的表 1—25 可以看出，近几年中国农村居民基本需求支出总额呈增长趋势，农村居民生活水平在不断提高。同时，近几年中国农村居民实际消费支出都远远高于基本需求支出，说明中国农村居民的基本需求得到了充分的满足，生活质量提高了。从五种收入分组来看，近11 年中国农村居民的基本需求支出都高于低收入户，低于中低收入户，说明虽然中国农村居民生活水平在提升，但仍然有一部分农村居民，即低收入户的实际消费支出还没达到基本需求支出，生活贫困，需要社会救济。农村居民基本需求总额占实际消费支出比重呈递增趋势，说明农村居民在满足基本需求后，用于提高生活质量的消费比例很低。食品基本需求的变动趋势与基本需求总额一致，呈增长趋势，进一步说明中国农村居民生活水平的提高。每年农村居民实际的食品支出都高于基本需求支出，说明中国农村居民食品的基本需求得到了满足。表 2—10 表明，从五种收入分组来看，每年农村居民食品基本需求支出都高于低收入户，低于中低收入户，且差距较大。说明低收入户群体在食品方面的基本需求还没有得到满足，且农村居民食品消费档次已经拉开，农村居民收入差距问题依然严重，保障低收入户群体食品基本需求的任务还比较重。再从食品基本需求支出占食品实际消费的比重来看，这几年食品基本消费占实际消费比重都在 74% 以上，说明食品支出中有 74% 以上是满足生存性需求，低于 26% 是满足休闲食品等享受性食品消费。虽然食品基本需求支出占实际消费的比重个别年份略有波动，但仍呈现上升趋势，说明食品消费中外出就餐等形式的发展和享受性消费的比重在不断下降，促进农村居民发展和享受性食品消费的任务依然任重而道远。

表 2—10　　　　中国农村居民食品消费支出、基本需求支出　　　　单位：元

年份	基本需求	实际平均消费支出	基本需求占实际平均消费比重（%）	低收入户	中低收入户	中等收入户	中高收入户	高收入户
2002	628.19	848.35	74.05	562.37	686.76	808.99	949.52	1354.31
2003	657.49	886.03	74.21	575.66	714.11	840.82	999.23	1429.05
2004	780.66	1031.91	75.65	694.37	841.12	986.11	1167.53	1614.88
2005	946.65	1162.16	81.46	796.26	950.12	1120.87	1297.26	1807.58
2006	951.87	1216.99	78.22	805.33	979.77	979.77	1154.77	1367.76
2007	1094.43	1388.99	78.79	932.16	1128.45	1326.59	1572.02	2202.97
2008	1262.54	1598.75	78.97	1088.41	1293.70	1526.96	1815.70	2521.54

续表

年份	基本需求	实际平均消费支出	基本需求占实际平均消费比重（%）	低收入户	中低收入户	中等收入户	中高收入户	高收入户
2009	1301.06	1636.04	79.52	1106.77	1317.21	1549.73	1861.70	2601.79
2010	1401.361	1800.67	77.82	1236.73	1464.57	1718.02	2047.57	2828.41
2011	1734.84	2107.34	82.32	1485.44	1729.89	2010.66	2395.46	3264.36
2012	1898.04	2323.89	81.68	1620.32	1902.73	2197.42	2672.60	3622.70

资料来源：主要根据《中国统计年鉴》相关各年中的数据整理而来。

六　结论与建议

（一）结论

通过以上分析，笔者得出以下结论：

第一，中国农村居民食品消费支出与人均年纯收入存在显著的正相关关系。说明中国农村居民食品消费支出与人均年纯收入密切相关。

第二，中国农村居民恩格尔系数从1978年的67.7%下降为2012年的39.3%，说明中国农村居民消费结构处于富裕的低水平。消费模式由满足吃、穿为主的生存性，逐步向发展型过渡。同时，中国农村居民主食消费量下降，副食消费量上升，食品的消费由量变向质变转化。

第三，中国农村居民食品的边际消费倾向和边际预算份额在这11年间居八大类之首，说明食品消费依然是中国农村居民的基本消费。食品的边际预算份额呈倒"U"型趋势，说明随着农村居民人均纯收入的提高，农村居民开始注重饮食质量的提高。

第四，中国农村居民食品消费需求收入弹性大于0小于1，说明如果中国农村居民收入增加，将会增加对食品的消费。自2002年以来，中国农村居民每年的食品需求收入弹性在八大类中居于末位，符合食品作为生活必需品的特性，且中国农村居民食品消费需求收入弹性呈波浪式下降态势，说明随着农村居民收入的增加，食品消费需求增加的幅度不大。

第五，2002年以来，每年中国农村居民食品基本需求支出都高于低收入户，低于中低收入户，且差距较大。说明低收入户群体在食品方面的基本需求还没有得到满足，且农村居民食品消费档次已经拉开，农村居民收入差距问题依然严重，保障低收入户群体食品基本需求的任务还比较沉重。食品基本需求支出占实际消费的比重呈现上升的趋势，说明食品消费中外出就餐等形式的发展和享受性消费的比重在不断下降。

（二）建议

基于上述结论，为了使中国农村的居民在食品消费方面得到更好的满足，笔者提出以下建议：

第一，把提高农村居民收入放在首位。如上结论，农村居民食品消费需求取决于农村居民家庭的收入水平，即收入水平越高，食品消费需求就越多。所以，为了提高中国农村居民的食品消费需求，就要增加农村居民的收入。当然，为了提高农村居民的收入，中国政府出台了一系列的政策，在增加农村居民收入方面不遗余力，已有成效。2014 年的政府工作报告指出："农村居民人均纯收入实际增长 9.3%，农村贫困人口减少 1650 万人，城乡居民收入差距继续缩小"。中国学者对如何提高农村居民收入的研究也很多，在此不再详述。而在当前广大青壮年农村居民外出打工，留守在农村的大多是老人、妇女、小孩的情况下，如何使一些青壮年留守农村，实现农业现代化是值得思考的问题；切实提高小麦、稻谷最低收购价格，增加农业的投入，扶持农产品的生产；保护农村居民的财产权，保证农村居民的合法权益不可侵犯。2014 年的政府工作报告指出："今年再减少农村贫困人口 1000 万人以上。我们要继续向贫困宣战，决不让贫困代代相传。"一言以蔽之，随着农村居民收入的持续增长，食品消费支出必然增加。

第二，发展生态农业。就城镇居民而言，由于生活条件的改善，对食品的要求进一步提高，不单单追求食品的数量，而且更重视食品的质量，对有益于身心健康的生态农产品的需求呈现增长的势头，即从"吃饱"向"吃好""吃健康"进行转变的过程中。与此同时，随着农村居民由吃饱转为吃好，而在当前农村居民急功近利的情境下，城乡居民想吃出健康还需要转变农业的生产方式。随着生态文明建设的稳步推进，中国城乡居民对生态产品的需求日益增强。这就要求我们在农村发展生态农业，注重环境保护，重视可持续发展；生产高品质的农产品，比如种植大豆、黑豆、黑芝麻等营养价值高的产品，改变农村居民的消费习惯。通过政府指导、提高价格等途径调动农村居民发展绿色食品的积极性，减少甚至杜绝在农产品方面的污染，实现高效、高产、安全农业。总之，通过发展生态农业，既可以促进农村居民收入的增加，又可以促进农村居民对食品方面的消费需求。

第三，优化农村食品消费环境。近几年中国的食品安全问题已经引起广泛关注，值得一提的是，中国农村的食品安全问题决不可掉以轻心。毒豆芽、地沟油、假奶粉、黑米线、牛肉膏、黑心鸭等无不影响着农村居民的餐桌。由于中国农村地域广阔，且中国法律体系不健全、农村居民贪图便宜，食品安全意识淡薄以及自身权益受到损害时没有维权的意识等原因，一些不法商贩把一些假冒伪劣产品运往广大的农村，农村成了食品安全的重灾区，也成为制约农村居民食品支出的障碍。且农村大型超市少，农村居民想购买到物美价廉的物品较为困难。这就要求各级政府要重视农村居民的食品安全，给一些大型超市提供店面、税收方面的优惠，以鼓励超市到农村去为农村居民提供服务。同时，要加大农村食品市场的执法力度，加强监管，并加大处罚力度，去除执法漏洞，着力为广大农村居民构建一张食品安全网，为农村居民营造优良的食品消费环境。

第四，在农村发展餐饮业。如前所述，中国农村居民食品消费中外出就餐等形式的发展和享受性消费的比重在不断下降。为了鼓励农村居民食品消费中享受性消费的发展，促进农村居民在外就餐的增加，要在每个农村范围内或乡镇大力发展餐饮业，以提升农村居民食品消费质量，提高食品消费支出。中国大部分农村地区、农村居民离集市较远，近的有1里左右，远的有2公里左右，不利于农村居民进行外出就餐活动。可以在各村发展餐饮业，鼓励农村居民进行外出就餐活动。餐饮企业要根据各地农村居民食品消费的特点，在口感、特色上狠下功夫。外出打工的农村青年可以回农村创业，既可服务当地农村居民食品消费，又能增加自身收入。从事餐饮的企业可以实行送餐到户，尤其在农忙季节，可以送餐到田间地头，使农村居民就地提高食品消费中的发展型和享受性消费。

第三章 中国农村居民衣着消费
需求实证分析[*]

衣着消费支出指农村居民用于各种穿着用品及加工穿着用品的材料支出。包括棉花、丝棉、化纤棉、驼毛、棉布、各种化纤布、绸、缎、呢绒、各类成衣、棉、毛、丝、麻纺织品，背心、汗衫、棉毛衫裤、卫生衫裤、袜子等针织品，毛线、毛线织品、各种鞋、帽等消费品及衣着的加工修理费（指农村住户为加工或修补服装、鞋帽等衣着所支付的服务费）。但不包括用各种布料做的床上用品，室内装饰品。衣着放在"衣、食、住、行"之首，说明了衣着在居民消费中的重要地位。

一 文献综述与问题的提出

当前，国内外学者对中国衣着消费的研究多散见于消费结构中，专门对衣着消费进行分析的较少，对农村居民衣着消费进行研究的更少。张太原于 2007 年对 1949—1999 年北京市城市居民衣着消费进行了论述，指出北京城市居民衣着消费经历了以加工布料为主的单调时期、从"单一型"向"多样型"转变的变革时期和个性化、成衣化及高档化的成熟时期等三个时期。[①] 朱高林于 2007 年探讨了 1957 年以来中国城镇居民衣着消费的基本趋势，说明了以蔽体取暖为特征的消费阶段，以盲目追风赶潮为特征的消费阶段和以突出个性为特征的消费阶段，并指出

---

* 本章节内容发表在《学术交流》2012 年第 5 期，在本书中作了修改。

① 张太原：《从新中国衣着消费的变化看社会变迁—以北京城市居民为例》，《中共党史研究》2007 年第 1 期。

了当时衣着消费存在的问题。① 朱高林于 2010 年指出当前中国城镇居民
衣着消费差距明显、服装行业同质化竞争严重和国内服装品牌竞争能力
不足，他提出要加大对低收入群体的社会保障力度、调整服装生产结构
和提高服装企业自主创新能力等建议。② 李剑于 2010 年采用时间序列数
据对转型时期中国城镇居民的衣着消费行为进行了实证分析，发现城镇
居民对衣着的需求在经历了 1981—1992 年数量型增长阶段后，自 1993
年进入了追求时装化、名牌化、个性化的阶段，衣着消费不再是单纯的
对基本生存资料的消费，它同时也是人们追求美的享受，展现自我个性
的过程，这一时期人们对衣着的消费受收入的影响逐渐减小，对价格的
波动变得越来越敏感，而上一期衣着消费的波动对当期衣着支出的影响
在不断减弱。③ 邓向辉、李惠民、齐晔于 2012 年从全生命周期的角度，
论述衣着从原料加工、制作到购买使用、回收等各个环节都存在大量的
碳排放。研究如何减少衣着消费过程中的碳排放，对中国的低碳发展具
有重大意义。中国在衣着生产和使用过程中均有较大的减排空间：在生
产领域，纺织生产企业应大力推进节能减排，降低衣着生产过程中的隐
含碳排放；在使用环节，应减少衣着过度消费，提高衣着使用效率；在
回收环节，应加强旧衣的循环利用。中国需要倡导文明、节约、绿色、
低碳的消费理念，推动与国情相适应的低碳消费模式的形成。④ 针对学
术界对衣着消费尤其是农村居民衣着消费研究较少的情况，本书尝试对
中国农村居民衣着消费进行实证分析，找出问题，得出结论，以抛砖引
玉，促进中国农村经济的发展。

---

① 朱高林：《中国城镇居民衣着消费的基本趋势：1957—2004》，《东北财经大学学报》
2007 年第 3 期。
② 朱高林：《建国以来我国城镇居民衣着消费的变化趋势》，《河南大学学报》（社会科
学版）2010 年第 9 期。
③ 李剑：《转型期我国城镇居民衣着消费行为升级的实证分析》，《产业经济评论》2010
年第 3 期。
④ 邓向辉、李惠民、齐晔：《我国衣着低碳消费的路径选择》，《生态经济》2012 年第 11
期。

二　中国农村居民衣着消费现状

自 1980 年以来（表 3—1、图 3—1），中国农村居民人均年衣着消费支出也不断增加，从 1980 年的 20 元增加到 2012 年的 396.4 元，增长了 18.8 倍。从中国农村居民衣着消费支出比重来看（图 3—2），虽然在某些年份有些上升，但整体上呈下降趋势，从 1980 年的 12.33% 下降为 2012 年的 6.71%，下降了 5.62 个百分点。这符合消费结构变动规律，即随着居民收入的增加，居民用于衣着的比重会上升，然后趋于稳定，甚至略有下降。这是因为衣着虽日益丰富多彩，但一般有其数量限制，增加不是无限的，当衣着需求基本满足后，其支出比重就会呈稳定或下降趋势。

表 3—1　　　　　　　　中国农村居民衣着消费情况　　　　　单位：元/人，%

年份	纯收入	消费支出	衣着支出	衣着消费比重	年份	纯收入	消费支出	衣着支出	衣着消费比重
1980	191.3	162.2	20	12.33	1997	2090.1	1617.2	109.4	6.76
1981	223.4	190.8	23.8	12.47	1998	2162.0	1590.3	98.1	6.17
1982	270.1	220.2	25	11.35	1999	2210.3	1577.4	92	5.83
1983	309.8	248.3	28	11.28	2000	2253.42	1670.1	96	5.75
1984	355.3	273.8	28.9	10.56	2001	2366.4	1741.1	98.7	5.67
1985	397.6	317.4	30.8	9.70	2002	2475.6	1834.3	105.0	5.72
1986	423.8	357	33	9.24	2003	2622.2	1943.3	110.27	5.67
1987	462.6	398.3	34.2	8.59	2004	2936.4	2184.7	120.16	5.50
1988	544.9	476.7	41.1	8.62	2005	3254.93	2555.4	148.57	5.81
1989	601.5	535.4	44.5	8.31	2006	3587.0	2829.0	168.04	5.94
1990	686.31	584.6	45.4	7.77	2007	4140.4	3223.9	193.45	6.00
1991	708.6	619.8	51.1	8.24	2008	4760.6	3660.7	211.8	5.79
1992	784.0	659.0	52.5	7.97	2009	5153.2	3993.5	232.50	5.82
1993	921.6	769.7	55.3	7.18	2010	5919.01	4381.8	264	6.02
1994	1221.0	1016.8	70.3	6.91	2011	6977.29	5221.1	341.3	6.54
1995	1577.74	1310.4	89.8	6.85	2012	7916.58	5908.02	396.4	6.71
1996	1926.1	1572.1	113.8	7.24					

资料来源：主要根据《中国统计年鉴》相关各年中的数据整理而来。

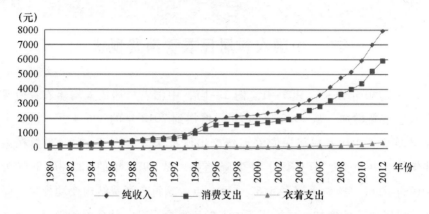

图 3—1 1980—2012 年中国农村居民人均衣着支出变化情况

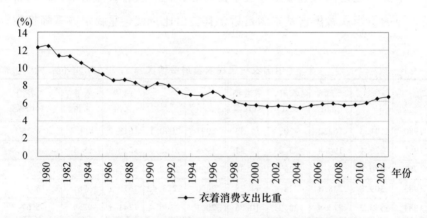

图 3—2 中国农村居民人均衣着消费支出比重变化情况

　　如表 3—2 所示，就衣着消费内容来看，中国农村居民的衣着消费由过去的量体裁衣为主转变为成衣消费为主，农村居民人均年服装支出从 2000 年的 54 元增加到 2012 年的 271 元。中国农村居民每年服装的同比增长率呈快速上升趋势，从 2000 年的 9.4% 上升到 2012 年的 15.3%。为了省时、省力，大部分农村居民采用了成衣消费方式，服装消费在衣着消费中的比重不断提高。随着审美观念的变化，农村居民不再满足于衣着保暖、御寒的基本功能，而是将其作为体现魅力的重要标志，对衣着的要求提高了。面料以舒适为主，追求高级纯棉或混纺、麻、丝、毛等材料；颜色由追求单一色转向五颜六色；款式以彰显个性为主，尤其是一些外出打工人员,把城市的时尚气息带回农村,引领着农村时装的潮流,表现为婚礼服从过去的旧式礼服发展成为和城市一样的婚纱。与此同时,农村居民鞋子的消费需求也不断提高,2008 年农村居民人均购买鞋类支出 52 元,2012 年上涨到 95 元。中国农村居民的鞋类消费同比增长率从 2008 年的 12.3% 上升到 2012 年的 18.8%。

中国农村居民衣着需求的增加带动了洗衣机的消费,农村居民家庭平均每百户拥有的洗衣机数量不断提高,从 1983 年底的 0.4 台提高到 2012 年底的 67.2 台。

表 3—2 中国农村居民衣着分类支出 单位:元/人,%

年份	衣着	增长率(同比)	服装	增长率(同比)	鞋类	增长率(同比)
2000	96	4.2	54	9.4	—	—
2008	212	9.5	142	9.4	52	12.3
2009	232	9.8	156	9.7	58	10.9
2010	264	13.6	180	15.3	64	11.6
2012	396	16.1	271	15.3	95	18.8

资料来源:主要根据《中国农村住户调查年鉴》相关各年[①]、《中国住户调查年鉴》相关各年中的数据整理而来。

如表 3—3 所示,中国农村中等收入户家庭衣着消费支出比例接近中国农村居民衣着消费的平均水平。从横向来看,整体上呈现农村居民衣着消费支出比重随着收入户收入的提高呈增长趋势,即收入户收入水平越高,衣着消费支出比重越高。2012 年低收入户衣着消费支出比重为 6.58%,但高收入户衣着消费支出比重高达 6.99%。从纵向来看,中国农村各收入户的衣着消费支出比重呈增长趋势,如低收入户、中等偏下户、中等收入户、中等偏上户、高收入户衣着消费支出比重分别从 2002 年的 5.64%、5.66%、5.71%、5.89%、5.68% 上升到 2012 年的

---

① 《中国农村住房调查年鉴》,为中华人民共和国国家统计局历年编写,由中国统计出版社出版。以下不再注释。

6.58%、6.44%、6.60%、6.73%、6.99%。自 2002 年以来，中国农村低收入户、中等偏下户、中等收入户、中等偏上户、高收入户衣着消费支出比重分别上升了 0.94、0.78、0.89、0.84、1.31 个百分点。其中，高收入户衣着消费支出比重增加的最多，中等偏下户衣着消费支出比重增加的最少，体现着农村居民随着收入的增加，追求衣着数量的多和质地的改善，对衣着消费的支出提高了。

表 3—3　　　　　按收入五等份农村居民家庭衣着消费支出比例

指标	总平均	低收入户 （20%）	中等偏下户 （20%）	中等收入户 （20%）	中等偏上户 （20%）	高收入户 （20%）
2002	5.72	5.64	5.66	5.71	5.89	5.68
2003	5.67	5.59	5.64	5.64	5.74	5.70
2004	5.50	5.32	5.34	5.51	5.55	5.61
2005	5.81	5.68	5.68	5.69	5.82	6.01
2006	5.94	5.81	5.80	5.84	6.00	6.08
2007	6.00	6.00	5.91	6.02	6.02	6.03
2008	5.79	5.67	5.63	5.85	5.91	5.79
2009	5.82	5.75	5.72	5.91	5.85	5.83
2010	6.03	5.96	5.92	6.03	6.07	6.07
2011	6.54	6.30	6.32	6.42	6.68	6.76
2012	6.71	6.58	6.44	6.60	6.73	6.99

资料来源：主要根据《中国统计年鉴》相关各年中的数据整理而来。

如表 3—4 所示，从区域上看，2012 年中国东北地区农村居民衣着消费支出比重最高，达到 8.71%，其次是西部地区，达到 6.71%，再次是中部地区，为 6.49%，东部农村居民衣着消费支出比重最小，达到 6.48%。如表 3—5 所示，从各省市、自治区来看，华南地区衣着支出比例最低，在 3%—4% 之间，体现了这些省份经济水平的发达。华东地区衣着消费支出比例在 5%—6% 之间。华中地区当中的湖南、湖北两省衣着消费支出比例都在 5.5% 左右，河南衣着消费支出比例却达到了

8.43%，这与三省市的经济发展水平一致。西北地区衣着消费支出比例在6%—8%之间。华北地区、东北地区衣着消费支出比例都在7%—9%之间。西南地区中的西藏衣着支出比重最高，达12.56%。

表3—4　　　　　　　2012年中国区域农村居民衣着消费支出比重

项目	东部地区	中部地区	西部地区	东北地区
消费支出（元）	7682.97	5469.00	4798.36	5941.18
衣着支出（元）	497.98	354.99	322.03	517.20
衣着支出比重（%）	6.48	6.49	6.71	8.71

资料来源：主要根据《中国统计年鉴》相关各年中的数据整理而来。

表3—5　　2012年各省市（自治区）农村居民衣着消费支出比重比较

省份	消费支出（元）	衣着支出（元）	衣着支出比重（%）	省份	消费支出（元）	衣着支出（元）	衣着支出比重（%）
全国	5908.02	396.39	6.71	河南	5032.14	424.12	8.43
北京	11878.92	947.97	7.98	湖北	5726.73	316.41	5.53
天津	8336.55	780.72	9.37	湖南	5870.12	317.99	5.42
河北	5364.14	396.58	7.39	广东	7458.56	319.46	4.28
山西	5566.19	501.77	9.01	广西	4933.58	156.47	3.17
内蒙古	6381.97	481.75	7.55	海南	4776.30	178.86	3.74
辽宁	5998.39	517.86	8.63	重庆	5018.64	380.18	7.58
吉林	6186.17	478.74	7.74	四川	5366.71	338.52	6.31
黑龙江	5718.05	544.64	9.52	贵州	3901.71	226.81	5.81
上海	11971.50	704.43	5.88	云南	4561.33	241.07	5.29
江苏	9138.18	610.70	6.68	西藏	2967.56	372.62	12.56
浙江	10652.73	751.58	7.06	陕西	5114.68	332.72	6.51
安徽	5555.99	331.94	5.97	甘肃	4146.24	303.14	7.31
福建	7401.92	471.44	6.37	青海	5338.91	404.47	7.58
江西	5129.47	264.96	5.17	宁夏	5351.36	463.35	8.66
山东	6775.95	454.75	6.71	新疆	5301.25	429.95	8.11

资料来源：主要根据《中国统计年鉴》相关各年中的数据整理而来。

三　扩展线性支出系统(ELES)模型的检验

根据《中国统计年鉴》中 2002—2012 年中国农村居民五种收入分组家庭人均年纯收入和衣着支出的数据（表 3—6），运用扩展线性支出系统模型，以中国农村居民人均年纯收入为自变量，以衣着为因变量，借助统计软件 SPSS13.0 进行回归分析，各年回归方程的参数估计以及 t 检验值如表 3—7 所示。

表 3—6　　　　　2002—2012 年中国农村居民五等份衣着支出　　　　单位：元

年份	项目	平均	低收入户	中低收入户	中等收入户	中高收入户	高收入户
2002	纯收入	2475.63	857.13	1547.53	2164.11	3030.45	5895.63
	衣着	105.00	56.8	74.23	93.98	122.86	198.89
	总消费	1834.31	1006.35	1310.33	1645.04	2086.61	3500.08
2003	纯收入	2622.24	865.90	1606.53	2273.13	3206.79	6346.86
	衣着	110.27	59.5	77.69	97.70	125.64	214.06
	总消费	1943.30	1064.76	1377.56	1732.74	2189.27	3755.57
2004	纯收入	2936.40	1006.87	1841.99	2578.49	3607.67	6930.65
	衣着	120.16	66.4	84.35	107.61	136.40	231.71
	总消费	2184.65	1248.29	1580.99	1951.46	2459.55	4129.12
2005	纯收入	3254.93	1067.22	2018.31	2850.95	4003.33	7747.35
	衣着	148.57	88	108.71	132.39	167.51	276.18
	总消费	2555.40	1548.30	1913.07	2327.69	2879.06	4593.05
2006	纯收入	3587.04	1182.46	2222.03	3148.50	4446.59	8474.79
	衣着	168.04	94.4	118.17	150.04	193.74	320.69
	总消费	2829.02	1624.73	2039.13	2567.92	3230.35	5276.75
2007	纯收入	4140.36	1346.89	2581.75	3658.83	5129.78	9790.68
	衣着	193.45	111	139.25	176.84	221.57	361.34
	总消费	3223.85	1850.59	2357.90	2938.47	3682.73	5994.43
2008	纯收入	4760.62	1499.81	2934.99	4203.12	5928.60	11290.20
	衣着	211.80	121.6	149.34	192.20	247.56	397.04
	总消费	3660.68	2144.78	2652.77	3286.44	4191.25	6853.69

续表

年份	项目	平均	低收入户	中低收入户	中等收入户	中高收入户	高收入户
2009	纯收入	5153.17	1549.30	3110.10	4502.08	6467.56	12319.05
	衣着	232.50	135.4	164.29	209.50	268.68	436.50
	总消费	3993.45	2354.92	2870.95	3546.04	4591.81	7485.71
2010	纯收入	5919.01	1869.80	3621.23	5221.66	7440.56	14049.69
	衣着	264.03	151.2	190.64	239.11	305.24	496.87
	总消费	4381.82	2535.35	3219.47	3963.80	5025.58	8190.38
2011	纯收入	6977.29	2000.51	4255.75	6207.68	8893.59	16783.06
	衣着	341.34	208.5	250.37	309.26	400.72	618.41
	总消费	5221.13	3312.59	3962.29	4817.91	6002.88	9149.57
2012	纯收入	7916.58	2316.21	4807.47	7041.03	10142.08	19008.89
	衣着	396.39	246.1	287.59	358.37	466.07	717.82
	总消费	5908.02	3742.25	4464.34	5430.32	6924.19	10275.30

资料来源：主要根据《中国统计年鉴》相关各年中的数据整理而来。

表3—7　　2002—2012年中国农村居民衣着 ELES 模型参数估计值

年份	项目	α_i	β_i	R^2	$t\alpha_i$	$t\beta_i$	F	$D-W$
2002	衣着	32.551	0.028	0.998	13.933	39.181	1535.186	2.374
	总消费	565.188	0.498	1.000	37.464	106.238	11286.613	2.617
2003	衣着	33.581	0.028	1.000	31.913	92.889	8628.454	2.327
	总消费	609.188	0.494	1.000	33.560	93.669	8773.849	2.442
2004	衣着	35.018	0.028	0.999	17.709	54.295	2947.923	2.337
	总消费	703.685	0.490	0.999	22.501	59.710	3565.269	1.725
2005	衣着	53.345	0.029	0.999	20.534	46.566	2168.427	1.615
	总消费	1023.554	0.460	0.999	40.159	76.380	5833.859	2.344
2006	衣着	52.481	0.032	0.999	16.339	45.367	2082.770	2.110
	总消费	973.776	0.508	0.999	25.599	61.878	3828.832	2.516
2007	衣着	66.706	0.030	0.999	22.076	53.386	2850.070	2.609
	总消费	1133.144	0.497	0.999	31.695	74.427	5539.305	2.536
2008	衣着	72.967	0.029	0.998	14.448	35.177	1237.440	2.426
	总消费	1293.68	0.490	0.998	17.366	40.638	1651.470	1.721

续表

年份	项目	α_i	β_i	R^2	$t\alpha_i$	$t\beta_i$	F	$D-W$
2009	衣着	83.244	0.029	0.998	15.619	36.021	1297.521	2.180
	总消费	1450.383	0.487	0.997	15.217	34.313	1177.379	1.652
2010	衣着	91.410	0.029	0.999	23.410	56.725	3217.678	1.946
	总消费	1566.038	0.469	0.999	26.889	62.030	3847.686	1.539
2011	衣着	140.481	0.028	0.997	15.887	29.532	872.127	2.153
	总消费	2378.939	0.402	0.998	25.945	40.298	1623.908	2.128
2012	衣着	162.898	0.029	0.996	13.872	25.826	666.991	2.107
	总消费	2703.491	0.400	0.997	21.251	32.730	1071.277	2.442

从回归估计的结果看，在 $\alpha = 0.1$ 的显著水平下，各类消费的回归方程均通过 F 检验，解释变量也均通过了 t 检验。并且各项 R^2 值都在 0.984 以上，2003 年中国农村居民年纯收入和衣着支出、总消费支出的 R^2 值高达 1.000，说明中国农村居民各年纯收入对总消费支出、衣着消费高度相关，方程的拟合优度较高。同时，2002—2012 年各项消费支出方程的斜率均在 0 和 1 之间，符合模型中关于 $0 < \beta_i < 1$ 的要求。所以，本书使用 ELES 模型对中国农村居民衣着消费支出进行分析是完全可行的。根据上文所计算的各年衣着消费支出的参数值，可以估算出 2002—2012 年中国农村居民衣着消费支出的边际预算份额、需求收入弹性和基本需求支出，结果见表 3—8。

表 3—8　农村居民衣着边际预算份额、需求收入弹性和基本需求支出

年份	边际消费倾向 β_i	边际预算份额 b_i	需求收入弹性 η_i	基本需求支出 $P_i X_i$（元/人）
2002	0.028	0.056	0.680	64.06
2003	0.028	0.057	0.686	67.29
2004	0.028	0.057	0.701	73.65
2005	0.029	0.063	0.639	108.31
2006	0.032	0.063	0.686	115.82
2007	0.030	0.060	0.651	134.29

续表

年份	边际消费倾向 β_i	边际预算份额 b_i	需求收入弹性 η_i	基本需求支出 P_iX_i（元/人）
2008	0.029	0.059	0.654	146.53
2009	0.029	0.060	0.642	165.23
2010	0.029	0.062	0.653	176.94
2011	0.028	0.070	0.582	251.87
2012	0.029	0.073	0.585	293.57

四 中国农村居民衣着消费实证分析

（一）边际消费倾向和边际预算份额分析

中国农村居民衣着边际消费倾向较低，除了在 2007 年位居第五位外，其他十年都位居第六位，即位居家庭设备用品及服务、其他之前，食品、居住、交通通信、文教娱乐、医疗保健之后，说明农村居民在收入增加后，更愿意改善居住条件，购买交通通信工具和文教娱乐用品及服务，提高医疗保健支出，因此，导致农村居民对衣着不够重视，在收入增加后对衣着方面的增加不多。纵向来看，如图 3—3 所示，中国农村居民衣着边际消费倾向整体上呈倒"U"型，2005 年以前稳定为 0.028，2007 年之后稳定为 0.029，从 2002 年的 0.028 上升到 2006 年的 0.032 之后又不断下降，此后稳定为 0.029。说明在农村服装市场日趋繁荣的情况下，农村居民尚不热衷于衣着的更新。这与农村居民的生活环境有关，农村居民多从事体力劳动，脏、累的特点决定了农村居民平时不愿意穿时装，更愿意穿普通服装。虽然农村居民有节俭的传统，衣着简单、朴素，会有几件质地好、款式新的衣服，但只在走亲访友或过节时穿，这就抑制了农村居民的衣着消费支出。

从边际预算份额来看，中国农村居民衣着边际预算份额呈折线式增长趋势，从 2002 年的 0.056 增加到 2012 年的 0.073，提高了 1.7 个百分点，说明了中国农村居民在生活富裕之后对衣着消费的重视，衣着支出将是农村居民未来的主要投向之一。

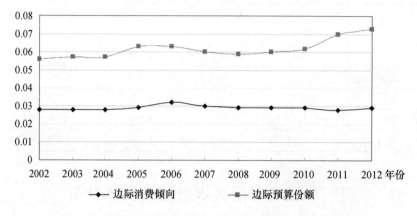

图 3—3   中国农村居民衣着边际消费倾向和边际预算份额

（二）需求收入弹性分析

中国农村居民衣着消费需求收入弹性反映衣着需求量的变动对中国农村居民纯收入变动的敏感程度，如这 11 年间中国农村居民衣着需求收入弹性大于 0 小于 1，说明农村居民衣着消费需求的增长率低于纯收入的增长率。从消费结构中看，中国农村居民衣着消费需求收入弹性 2002—2004 年位居第七位，仅位居食品之前，2005—2012 年，衣着需求收入弹性居于第六位，位居交通通信、文教娱乐、居住、其他、家庭设备用品等之后，医疗保健、食品之前，较低的衣着需求收入弹性使衣着消费表现出和食品一样的生活必需品特征。如图 3—4 所示，从纵向来看，中国农村居民衣着消费需求收入弹性呈折线式下降趋势，说明随着农村居民纯收入的增加，农村居民对衣着消费需求的增长速度会减慢，收入变动对衣着支出的影响越来越小。这是由于，随着农村居民收入的提高，农村居民对衣着消费的需求由数量型向质量型转变，即农村居民对衣着的需求不单单是追求数量的多少，更是希望改善衣着品质，追求衣着档次，由低档次向中、高档次转变。

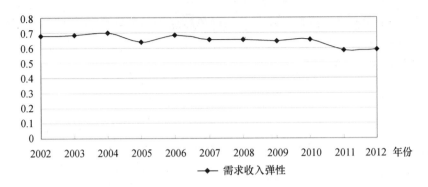

图 3—4　中国农村居民衣着需求收入弹性

(三) 基本需求支出分析

如前面表 3—8 所示，中国农村居民人均衣着基本需求支出呈上升趋势，从 2002 年的 64.06 元增加到 2012 年的 293.57 元，说明中国农村居民衣着基本需求得到了充分满足。除了 2009、2011、2012 年之外，其他 8 年农村居民衣着基本需求支出都高于低收入户，低于中低收入户，说明在这八年间中国农村依然有 20% 的低收入户在衣着方面的消费支出还没达到基本需求，农村居民在衣着消费方面存在差距。2009、2011、2012 年这三年间，中国农村低收入户、中低收入户衣着支出都低于基本需求支出，说明这几年中国农村居民低收入户和中低收入户衣着基本需求都没得到满足，农村居民衣着方面的消费差距进一步拉大。2009 年农村高收入户衣着支出是低收入户的 3.22 倍，2011 年农村高收入户衣着支出是低收入户的 3.0 倍，2012 年农村高收入户衣着支出是低收入户的 2.92 倍。高收入户衣着消费追求品牌、档次，而低收入户对衣着的需求还处于低档次，属于缺衣置衣的被动消费。从农村居民衣着基本需求占实际消费比重来看，虽然在个别年份有些反复，但整体上呈上升趋势，且数值较高，说明农村居民在满足衣着基本需求后，用于衣着享受性比例下降，农村居民衣着还是一种基本生存需要，还没有达到精神需要。

从表 3—9 和图 3—5 可以看出，从中国农村居民衣着基本需求占实际消费比重来看，自 2002 年以来，中国农村居民衣着基本需求占中国农村居民衣着消费支出比重呈波浪式上升趋势，在 2005 年衣着基本需求支出比重达到72.9%以后，2012年又达到最高点74.1%，说明2012年中国农村居民衣着支出中有高达74.1%的比例是用于满足生存性需求，用于满足享受性需求的比重较低，只有25.9%，如何提高中国农村居民享受性衣着消费需求是值得深入思考的问题。

表3—9　　　　中国农村居民衣着消费支出、基本需求支出　　　　单位：元，%

年份	基本需求	消费支出	基本需求占消费比重	低收入户	中低收入户	中等收入户	中高收入户	高收入户
2002	64.06	105.00	61.0	56.75	74.23	93.98	122.86	198.89
2003	67.29	110.27	61.0	59.47	77.69	97.70	125.64	214.06
2004	73.65	120.16	61.3	66.42	84.35	107.61	136.40	231.71
2005	108.31	148.57	72.9	87.98	108.71	132.39	167.51	276.18
2006	115.82	168.04	68.9	94.44	118.17	150.04	193.74	320.69
2007	134.29	193.45	69.4	110.99	139.25	176.84	221.57	361.34
2008	146.53	211.80	69.2	121.64	149.34	192.20	247.56	397.04
2009	165.23	232.50	71.1	135.43	164.29	209.50	268.68	436.50
2010	176.94	264.03	67.0	151.23	190.64	239.11	305.24	496.87
2011	251.87	341.34	73.8	208.55	250.37	309.26	400.72	618.41
2012	293.57	396.39	74.1	246.10	287.59	358.37	466.07	717.82

资料来源：主要根据《中国统计年鉴》相关各年中的数据整理而来。

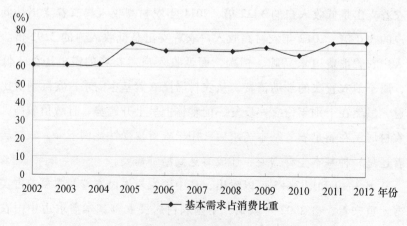

图3—5　中国农村居民衣着基本需求占实际消费比重

五　主要结论与建议

（一）结论

本书利用 ELES 模型对 2002—2012 年中国农村居民的衣着消费进行了分析，结论如下：

第一，中国农村居民的衣着消费支出与人均年纯收入高度相关。

第二，中国农村居民的衣着边际消费倾向较低，呈倒"U"型，说明农村居民纯收入增量中用于衣着消费的增量下降。

第三，中国农村居民的衣着需求收入弹性大于 0 小于 1，缺乏弹性，呈折线式下降趋势，说明农村居民对衣着消费需求的增长速度会减慢。

第四，中国农村居民的衣着消费差距进一步拉大，农村居民衣着基本需求占实际消费比重呈上升趋势，且数值较高，说明农村居民在满足衣着基本需求后，用于衣着享受的比例下降，农村居民衣着需要仅仅是一种基本生存需要，还没有达到精神需要。

（二）建议

基于上述结论，笔者提出如下建议：

第一，提高农村居民收入水平，尤其是低收入户收入水平。农村居民衣着消费支出与纯收入密切相关，为了提高农村居民衣着消费能力，必须提高农村居民收入，尤其是低收入户收入。因为中国农村高、低收入户之间在衣着消费方面差距较大，低收入户在衣着消费方面购买潜力大，但支付能力弱，提高农村低收入户收入对于扩大衣着消费支出意义重大，有利于促进农村衣着消费升级，优化农村衣着消费结构。要通过健全农村社会保障制度等方法为农村低收入户提供基本生活保障；此外，政府要为农村低收入户在农业方面提供技术指导，使低收入户能足不出户就发家致富；为农村低收入户外出打工提供信息、就业指导或者优先安排其在乡镇企业就业。总之，只要授之以渔，必然会促进农村低收入户收入的增长，从而提高衣着消费支出，不但有利于社会稳定，而且有利于中国和谐社会的发展。

第二，衣着供给方要针对农村居民对衣着不同层次的需求，提供适销对路的产品。按照凡勃伦的消费理论，服装档次高低关系到周围的人对自己的评价，生活水平达到一定程度后，追求品牌、时尚成为人们的内心需要。随着农村居民购买力的提高以及与外界联系的机会增多，农村高收入户尤其是年轻人对衣着的要求较高，追求时尚、个性甚至品牌，对面料、款式、色彩都有很高的要求；农村中的低收入户对衣服的需求追求省钱、耐用，对品牌、时尚的要求不高；当前，由于更多的青壮年农民到城市里打工，留守农村的大部分是儿童和老人，他们比较节俭，对衣着的需求处于低档次。但当前中国农村市场衣着的供给仍然以低档为主，质量、款式和做工不能满足农村居民对衣着不同层次的需求，压制了农村居民衣着消费的热情。为了调动中国农村居民衣着消费的积极性，衣着供给方要深入到农村中去，进行调研，分析不同层次、不同年龄段农村居民的消费特点，从实际出发，供给各种档次的服装；同时，要不断创新，提高衣着质量，加快款式更新速度，建立品牌，降低成本。这样，既满足了农村居民的衣着消费需求，又扩大了衣着供给方的利润，达到了双赢效果。

第三，疏通农村流通渠道，增加衣着供给网点，满足农村居民衣着需求。当前，农村市场体系尚不完善，流通渠道不通畅，且电子商务、连锁经营等流通业态在农村尚未得到发展，导致农村居民购买衣着的地点集中在村里的小店、定期集市和县城。村里小店规模小，服装种类少，可选择的余地小；集市的服装店分散经营，款式少，质地差，满足不了农村居民对衣着的需要；县城的服装较多，质量好，价格低，款式多样，种类丰富，能满足农村居民的需求，但由于距离较远，为了购买服装，需要支付路费和餐饮费用，单次购买成本高，限制了农村居民对衣着的需求。为了提高农村居民衣着消费支出，要疏通流通渠道，减少流通环节，把物流的触角延伸到农村的每一个角落，把物美价廉的衣着用品运送到农村居民的家门口，减少农村居民在衣着购买过程中的路费、餐饮费等额外支出；在畅通流通渠道的基础上，发展电子商务、连锁经营等新型流通业态，送货上门，创新农村居民购物方式，扩大农村居民对衣着的支出。

第四章 中国农村居民居住消费
需求实证分析[*]

居住消费支出是指房屋建筑、购买、房租、水、电、燃料等。衣食住行，居住是仅次于衣食之后的基本需求，是人们的基本生存需求之一。居住消费对于一国居民生活质量意义重大，是现阶段建设小康社会的重要指标。

一 问题的提出与现有文献综述

中外学者对于居住方面的研究集中在城乡住房消费方面，于静波于1996 年对农村住房消费的影响因素及农村住房消费的差异性进行了分析，认为当时农村住房消费具有超前性，必须加以合理引导。[①] 周大研于 2009 年认为城市基本建立了经济适用房、廉租房、限价房等各种制度，城镇居民住房有了一定的保障，但居住在农村和城市的广大农民，其人居环境、住房等却缺乏相应的政策扶持。他提出加大农村基础设施投入、保护农民合法财产权益等建议。[②] 邵书峰于 2010 年通过对南阳市600 户农户住宅投资行为的调查发现，农户有投资的强烈需求，并且投资规模在不断扩大，投资区位向交通便利、经济价值较高的地理位置扩张，提出要加快新农村建设过程中居民点的规划进程，并对农户行为进

---

[*] 本章节内容发表在《学习与实践》2011 年第 11 期，在本书中作了修改。

[①] 于静波：《中国农村住房消费的比较研究》，《中国农村观察》1996 年第 5 期。

[②] 周大研：《新农村建设中农民住房保障政策研究》，《经济问题探索》2009 年第 2 期。

行有效的引导与规范。① 专门对居住方面进行的研究较少，吴炜峰于
2009 年提出转型时期中国城乡居民居住消费较好地适用持久性收入理
论，指出城乡之间居住消费模式具有一定差异，农村居民居住消费较多
地受当期收入变动的影响，而城镇居民更多地受持久性收入的影响。②
赵晓罡、薛继亮于 2010 年考察了中国城镇居民居住消费的区域发展动
态，并对城镇居住消费收入弹性做出估计，结果显示，城镇居民居住消
费收入弹性区域差异较大，呈中部崛起特征，高房价是推动消费收入弹
性增加的因素之一，主要因素是区域发展不平衡。并对中国城镇居民居
住消费收入弹性的具体区域特征提出相关对策。③ 康远志于 2014 年采用
使用成本法对中国居民自有住房虚拟租金消费支出进行了重新估算，发
现 2004—2011 年间，居民自有住房虚拟租金年均达 3.6 万亿，居住消
费支出年均低估约 3 万亿。调整后的居住消费支出占 GDP 比重达到了
14%，高于统计年鉴中的 6%，仅自有住房虚拟租金的重新调整就使居
民消费率提高了 5%—6%，并使总消费率提高了 4%—4.5%。消费被
低估意味着当前颇为流行的"消费过低论"需要认真重新评估，也意
味着当前的经济结构没有想象中的那么坏，提升消费率的空间也可能并
没有想象的高。④ 针对学术界更多地关注住房，对居住研究较少的情
况，本书把视角投向农村居民居住领域。居住一直是农村居民消费的一
个重点支出项目，占中国人口多数的农村居民居住消费支出状况如何，
直接影响到中国农村居民生活质量的高低。所以，研究中国农村居民居
住消费状况，找出存在的问题，并提出建议，是"以人为本"的体现，
对于中国农村经济的发展有重要的现实意义。

---

　①　邵书峰：《新农村建设视角下农户住房投资行为分析》，《调研世界》2010 年第 4 期。
　②　吴炜峰：《转型时期影响我国城乡居民居住消费的因素分析——中国居住消费函数构
造》，《财贸经济》2009 年第 7 期。
　③　赵晓罡、薛继亮：《中国城镇居民居住消费收入弹性的区域差异研究：1995—2007》，
《工业技术经济》2010 年第 10 期。
　④　康远志：《中国居民消费率太低吗？——基于居住支出的实证分析》，《江汉学术》
2014 年第 2 期。

二　中国农村居民居住消费现状

如表 4—1、图 4—1 和图 4—2 所示，1980 年以来，随着中国农村居民家庭人均年纯收入的不断提高，农村居民家庭人均年居住消费支出也不断提高，从 1980 年的 22.5 元增加到 2012 年的 1086.4 元，名义增长 48.3 倍。居住支出占纯收入的比重呈现三个阶段，在 1988 年以前，中国农村居民居住占纯收入比重呈现稳定增长趋势，从 11.76% 上升到 1988 年的 17.67%，此后呈下降趋势，从 1989 年的 17.49% 下降为 2005 年的 11.37%，此后又有上升趋势，但稳定在 13% 左右。农村居民居住占消费支出比重较大，且与占纯收入比重趋势一致。

表 4—1　　　　　　　中国农村居民居住消费情况　　　　　单位：人/元

年份	纯收入	生活消费支出	居住	居住占消费支出比重（%）	居住占纯收入比重（%）
1980	191.3	162.2	22.5	13.87	11.76
1981	223.4	190.8	31.6	16.56	14.15
1982	270.1	220.2	35.6	16.17	13.18
1983	309.8	248.3	42	16.92	13.56
1984	355.3	273.8	48.4	17.68	13.62
1985	397.6	317.4	57.9	18.24	14.56
1986	423.8	357	70.3	19.69	16.59
1987	462.6	398.3	79.8	20.04	17.25
1988	544.9	476.7	96.3	20.20	17.67
1989	601.5	535.4	105.2	19.65	17.49
1990	686.31	584.6	101.4	17.35	14.77
1991	708.6	619.8	102.3	16.51	14.44
1992	784.0	659.0	104.9	15.92	13.38

续表

年份	纯收入	生活消费支出	居住	居住占消费支出比重（%）	居住占纯收入比重（%）
1993	921.6	769.7	106.8	13.88	11.59
1994	1221.0	1016.8	142.3	13.99	11.65
1995	1577.74	1310.4	182.2	13.90	11.55
1996	1926.1	1572.1	219.1	13.94	11.38
1997	2090.1	1617.2	233.2	14.42	11.16
1998	2162.0	1590.3	239.6	15.07	11.08
1999	2210.3	1577.4	232.7	14.75	10.53
2000	2253.42	1670.1	258.3	15.47	11.46
2001	2366.4	1741.1	279.1	16.03	11.79
2002	2475.6	1834.3	300.16	16.36	12.12
2003	2622.2	1943.3	308.38	15.87	11.76
2004	2936.4	2184.7	324.25	14.84	11.04
2005	3254.93	2555.4	370.16	14.49	11.37
2006	3587.0	2829.0	468.96	16.58	13.07
2007	4140.4	3223.9	573.80	17.80	13.86
2008	4760.6	3660.7	678.80	18.54	14.26
2009	5153.2	3993.5	805.01	20.16	15.62
2010	5919.01	4381.8	835.2	19.06	14.11
2011	6977.29	5221.1	961.5	18.42	13.78
2012	7916.58	5908.02	1086.4	18.39	13.72

资料来源：主要根据《中国统计年鉴》相关各年中的数据整理而来。

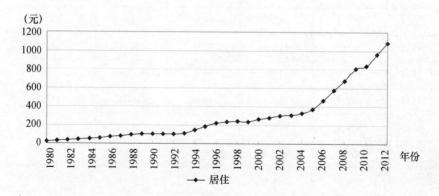

图 4—1 中国农村居民居住消费支出

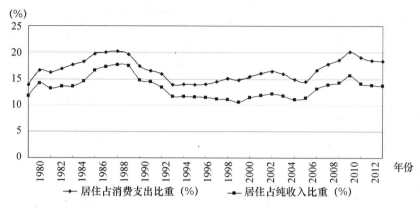

图4—2　中国农村居民居住占纯收入比重与占消费支出比重

从中国五等份农村居民家庭居住占消费支出比例来看，如表4—2所示，中国农村中的中等偏上户居住占消费支出比例接近全国平均水平，且自2002年以来，除2012年，中国农村居民平均的居住占消费支出比重都高于中等偏上户，且远远高于低收入户、中等偏下户、中等收入户。每年中国农村居民平均的居住占消费支出比重都低于高收入户，说明中国五等份农村居民家庭在居住消费方面的差距较大。低收入户、中等偏下户、中等收入户的居住消费支出比重还比较低。从横向来看，每年中国农村居民居住消费支出比例随着各种收入户收入档次的提高呈增长趋势。从时间序列的纵向来看，各种档次的农村收入户居住占消费支出比重一般呈上升趋势。

表4—2　　　　　　按收入五等份农村居民家庭居住消费支出比重

指标	总平均（%）	低收入户（20%）	中等偏下户（20%）	中等收入户（20%）	中等偏上户（20%）	高收入户（20%）
2002	16.36	12.68	13.34	14.84	16.11	20.14
2003	15.87	13.30	13.13	13.90	15.50	19.34
2004	14.84	12.35	12.65	12.97	14.05	18.42
2005	14.49	13.30	13.06	13.45	14.29	16.51

续表

指标	总平均 （%）	低收入户 （20%）	中等偏下户 （20%）	中等收入户 （20%）	中等偏上户 （20%）	高收入户 （20%）
2006	16.58	14.60	14.54	15.83	16.03	19.17
2007	17.80	15.43	15.87	16.87	17.52	20.48
2008	18.54	16.24	16.15	16.39	18.23	22.16
2009	20.16	18.28	18.61	18.48	19.48	23.12
2010	19.06	16.48	17.46	18.12	18.60	21.83
2011	18.41	17.28	17.10	17.79	18.11	20.37
2012	18.39	17.04	17.36	18.24	19.37	19.00

资料来源：主要根据《中国统计年鉴》相关各年中的数据整理而来。

从各大区域来看，如表4—3所示，中部地区农村居民居住占消费支出比重最高，达到了20.26%，其次是西部地区，为18.29%，再次是东部地区，为17.96%，东北地区居住消费支出比重最低，只有14.29%，低于中部地区5.97个百分点。

表4—3　　　　按区域分的农村居民家庭居住基本情况（2012年）

项目	东部地区	中部地区	西部地区	东北地区
消费支出（元）	7682.97	5469.00	4798.36	5941.18
居住	1379.88	1108.11	877.85	848.93
居住消费支出比例（%）	17.96	20.26	18.29	14.29

资料来源：主要根据《中国统计年鉴》相关各年中的数据整理而来。

从各省市、自治区来看，如表4—4所示，西北地区农村居民居住消费支出比重最高，在16%—25%之间；其次是华中地区，居住占消费支出比重在18%—21.1%之间；再次是华东、华北地区，在15%—21%之间；东北地区农村居民居住消费支出比重最低，在13%—16.4%之间；广西壮族自治区的居住消费支出比重最高，为24.34%；西藏居住消费支出比重最低，为8.48%。

表4—4　　2012年各省市（自治区）农村居民居住消费支出比重比较

省份	消费支出（元）	居住支出（元）	居住支出比重（%）	省份	消费支出（元）	居住支出（元）	居住支出比重（%）
全国	5908.02	1086.35	18.39	河南	5032.14	1060.70	21.08
北京	11878.92	2199.75	18.52	湖北	5726.73	1206.16	21.06
天津	8336.55	1263.51	15.16	湖南	5870.12	1088.23	18.54
河北	5364.14	1137.31	21.20	广东	7458.56	1196.10	16.04
山西	5566.19	1142.14	20.52	广西	4933.58	1200.80	24.34
内蒙古	6381.97	1078.97	16.91	海南	4776.30	828.62	17.35
辽宁	5998.39	979.77	16.33	重庆	5018.64	557.02	11.10
吉林	6186.17	836.77	13.53	四川	5366.71	787.41	14.67
黑龙江	5718.05	754.72	13.20	贵州	3901.71	758.37	19.44
上海	11971.50	1834.07	15.32	云南	4561.33	804.39	17.63
江苏	9138.18	1493.21	16.34	西藏	2967.56	251.62	8.48
浙江	10652.73	1950.08	18.31	陕西	5114.68	1258.06	24.60
安徽	5555.99	1139.78	20.51	甘肃	4146.24	682.30	16.46
福建	7401.92	1165.78	15.75	青海	5338.91	1209.74	22.66
江西	5129.47	1030.18	20.08	宁夏	5351.36	1033.17	19.31
山东	6775.95	1399.90	20.66	新疆	5301.25	1298.54	24.49

资料来源：主要根据《中国统计年鉴》相关各年中的数据整理而来。

农村居民用于居住中的住房支出增加，2003年农村居民在居住支出中，构建房屋的支出增速加快。其中，建房支出131元，增加13元，增长11%；购买住房支出25元，增加4元，增长19.3%；住房装修支出人均21元，增加11元增长1倍。住房维修支出比上年减少了15.2元，下降54.7%。如表4—5所示，自2009年以来中国农村居民居住支出中的建材支出、维修生活用房雇工支出水、电、燃料支出都呈增长趋势，其中，建材支出从2009年的人均276元增加到2012年的485元，增长了0.76倍；维修生活用房雇工支出从2009年的98元增长到2012年的153元，增长了0.56倍；水、电、燃料从2009年的94元增加到2012年的296元，增长了2.15倍。

表 4—5　　　　　　　　中国农村居民居住分类支出　　　　　单位：元/人

年份	居住	增长率 （同比%）	建材 支出	增长率 （同比%）	维修生活用 房雇工支出	增长率 （同比%）	水、电、 燃料	增长率 （同比%）
2009	805	18.5	276	24	98	30	94	15.4
2010	835	3.7	225	−18.3	98	持平	109	15.4
2012	1086	13.0	485	9.7	153	20	296	14.5

资料来源：主要根据《中国农村住户调查年鉴》、《中国住户调查年鉴》相关各年中的数据整理而来。

　　居住消费支出的重要组成部分是住房支出，中国农村居民居住消费额的增加表现为住房面积扩大、住房价值提高。如表 4—6 所示，就新建（购）房屋来看，新建（购）房屋面积自 1981 年以来在每人 1 平方米左右徘徊，在 2011 年达到最高点 1.3，2012 年又下降为 1 平方米。从中国农村居民新建（购）房屋的价值来看，呈现稳定上升的趋势，从 1981 年每平方米 22.1 元上涨到 2012 年的 829.5 元。中国农村居民住房质量也不断提高，新建（购）房屋结构中，钢筋混凝土结构从 1981 年的每人 0.02 平方米上升到 2011 年的 0.9 平方米，2012 年下降为 0.7 平方米。与此同时，中国农村居民新建（购）房屋中的每人拥有的砖木结构面积呈倒 U 型。从 1981 年的 0.5 平方米上升到 1985 年的 0.7 平方米，自 1987 年后又不断下降，2012 年下降为 0.2 平方米。

表 4—6　　　　　　农村居民家庭各年度新建（购）房屋情况

年份	面积 （平方米/人）	价值 （元/平方米）	钢筋混凝土结构 （平方米/人）	砖木结构 （平方米/人）
1981	0.8	22.1	0.02	0.5
1982	0.9	25.4	0.02	0.5
1983	1	29.7	0.1	0.6
1984	0.8	35.3	0.1	0.5
1985	1.1	40.7	0.1	0.7
1986	1.1	47.1	0.1	0.7

续表

年份	面积 （平方米/人）	价值 （元/平方米）	钢筋混凝土结构 （平方米/人）	砖木结构 （平方米/人）
1987	1.1	58.4	0.2	0.7
1988	1	71	0.2	0.6
1989	0.9	84.3	0.2	0.6
1990	0.8	92.3	0.2	0.5
1991	0.9	101	0.3	0.5
1992	0.7	111.2	0.2	0.4
1993	0.7	126.6	0.2	0.3
1994	0.7	152.4	0.2	0.4
1995	0.8	200.3	0.3	0.4
1996	1	253.2	0.5	0.4
1997	0.9	222	0.5	0.4
1998	0.8	227.4	0.5	0.3
1999	0.8	226.9	0.5	0.3
2000	0.9	260.2	0.5	0.4
2001	0.8	263.5	0.5	0.3
2002	0.86	295.62	0.51	0.30
2003	0.79	303.77	0.47	0.28
2004	0.60	339.27	0.36	0.21
2005	0.83	373.31	0.51	0.29
2006	0.84	392.93	0.54	0.27
2007	0.97	485.11	0.64	0.29
2008	0.99	533.66	0.66	0.28
2009	1.21	620.39	0.85	0.32
2010	0.8	673.4	0.6	0.2
2011	1.3	804.5	0.9	0.3
2012	1	829.5	0.7	0.2

资料来源：主要根据《中国统计年鉴》相关各年中的数据整理而来。

从各年末农村居民家庭住房情况来看，如表4—7所示，不论是农村居民人均住房面积，还是每平方米住房的价值，都呈增长势头。农村居民人均住房面积从 1978 年的 8.1 平方米上涨到 2012 年的 37.1 平方米，增长了 3.58 倍。住房价值从 1980 年的每平方米 17 元上涨到 2012 年的 681.9 元，增长了 39.11 倍。从住房结构来看，中国农村居民各年末人均钢筋混凝土结构和砖木结构住房也都呈上升趋势，其中，钢筋混凝土结构住房从 1981 年末的每人 0.1 平方米上涨到 2012 年的 17.1 平方米，增长了 170 倍。砖木结构住房从 1981 年的每人 4.9 平方米上涨到 2012 年的 16.3 平方米，增长了 2.33 倍。

表 4—7　　　　　　　　　农村居民家庭住房情况

年份	年末人均住房面积（平方米/人）	住房价值（元/平方米）	住房钢筋混凝土结构（平方米/人）	砖木结构（平方米/人）
1978	8.1	—	—	—
1979	8.4	—	—	—
1980	9.4	17.0	—	—
1981	10.2	17.9	0.1	4.9
1982	10.7	19.2	0.1	5.2
1983	11.6	21.6	0.3	6.2
1984	13.6	23.8	0.2	6.8
1985	14.7	26.8	0.3	7.5
1986	15.3	29.2	0.4	8.2
1987	16.0	30.5	0.6	8.6
1988	16.6	33.4	0.7	9
1989	17.2	37.3	0.9	—
1990	17.8	44.6	1.2	9.8
1991	18.5	56.6	1.6	10.4
1992	18.9	60.1	1.8	10.7
1993	20.7	73.4	2.3	11.8
1994	20.2	83.2	2.7	11.5
1995	21.0	101.6	3.1	11.9
1996	21.7	133.9	4.4	11.7
1997	22.5	149.7	5.1	11.9
1998	23.3	153.0	5.7	12.2

续表

年份	年末人均住房面积 （平方米/人）	住房价值 （元/平方米）	住房钢筋混凝土结构 （平方米/人）	砖木结构 （平方米/人）
1999	24.2	157.6	6.4	12.3
2000	24.8	187.4	6.2	13.6
2001	25.7	196.1	6.9	13.8
2002	26.5	202.8	7.7	13.9
2003	27.2	217.1	8.5	14.1
2004	27.9	226.1	9.2	14.1
2005	29.7	267.8	11.2	14.1
2006	30.7	287.8	11.8	14.6
2007	31.6	313.6	12.5	14.8
2008	32.4	332.8	13.4	14.9
2009	33.6	359.4	14.5	15.1
2010	34.1	391.7	15.1	15.2
2011	36.2	654.4	16.5	15.9
2012	37.1	681.9	17.1	16.3

资料来源：主要根据《中国统计年鉴》相关各年中的数据整理而来。

　　从农村居民家庭主要建筑材料购买量来看，如表4—8所示，自2002年以来，中国农村居民家庭平均每户购买的水泥从1983年的72.4公斤上升到2012年的455.9公斤，增长了5.3倍。每户农村居民购买的木材数量稳定在0.2公斤左右。每户农村居民家庭购买的钢材数量从1983年的4.8公斤上升到2012年的43.1公斤，这与农村居民住房的结构变化有关，由于更多的农村居民家庭选择钢筋结构的住房，故对钢材的需求量增加。农村居民家庭平均每户购买的水泥预制件从1983年的0.4件增加到2012年的3.1件。农村居民家庭对玻璃的购买量一直在0.3平方米左右浮动。由于农村居民住房结构的改变，农村居民家庭每户购买瓦的数量下降，从2002年的54.6块下降到2012年的29.4块。"十一五"经济社会发展成就系列报告中指出，农村居民住房条件极大改善，卫生条件改善，2010年有93.8%的农户居住的住房拥有卫生设备。使用清洁能源的农户增加，2010 年使用清洁燃料如沼气、燃气、燃油、电、太阳能的农户占 31.1%；饮用安全卫生水的农户增加，2010 年有 78.0% 农户饮用安全卫生水，其中饮用自来水的农户占 48.9%；住房外部环境有较大改善，2010 年有 50.0% 的农户住宅外有水泥或柏油状路面。[①]

表4—8　　　　　　　　　农村居民家庭主要建筑材料购买量

年份	水泥（公斤/户）	木材（立方米/户）	钢材（公斤/户）	水泥预制件（件/户）	玻璃（平方米/户）	砖（块/户）	瓦（块/户）
1983	72.4	0.2	4.8	0.4	0.2	—	—
1984	90.9	0.1	5.2	1.4	0.2	—	—
1985	88.2	0.1	5.1	1.3	0.3	672.1	—
1986	68.2	0.2	3.9	1.0	0.4	1173.5	—
1987	143.5	0.2	9.2	1.3	1.8	1331.9	—
1988	164.4	0.2	11.9	1.5	0.4	1278.5	—
1999	163.7	0.1	10.2	1.3	0.4	1037.7	—
1990	171.8	0.1	11.2	1.1	0.3	901.2	—
1991	177.2	0.1	10.8	1.0	0.4	844.1	—
1992	154.4	0.1	9.9	1.0	0.3	746.4	—
1993	111.9	0.1	7.3	0.8	0.3	589.9	—
1994	154.6	0.2	11.5	1.0	0.3	758.2	—
1995	187.8	0.2	13.9	1.4	0.3	818.2	—
1996	236.7	0.4	16.7	1.7	0.4	937.2	—
1997	254.8	0.1	18.9	1.9	0.5	926.7	—
1998	265.0	0.1	19.3	1.5	0.3	817.6	—
1999	285.1	0.1	24.9	1.8	0.5	865.4	—
2000	302.7	0.2	24.9	1.9	0.4	896.5	—
2001	310.7	0.4	24.4	1.7	0.3	878.3	—
2002	336.0	0.2	26.5	1.7	0.3	929.9	—
2003	296.2	0.1	24.9	0.8	0.2	696.3	54.6

---

①　中华人民共和国国家统计局：《农村居民收入增速加快，生活水平明显提高》，http://www.china.com.cn/policy/txt/2011-03/08/content_22080687_2.htm。

续表

年份	水泥 （公斤/户）	木材 （立方米/户）	钢材 （公斤/户）	水泥预制件 （件/户）	玻璃 （平方米/户）	砖 （块/户）	瓦 （块/户）
2004	245.6	0.1	20.1	1.1	0.2	681.4	48.5
2005	309.7	0.1	23.8	1.1	0.2	710.7	55.5
2006	383.7	0.1	30.0	1.1	0.2	879.1	50.0
2007	416.4	0.1	36.7	1.3	0.1	938.1	49.2
2008	422.8	0.3	39.4	4.1	0.3	831.9	41.1
2009	532.5	0.3	52.2	2.9	0.3	946.8	37.6
2010	419.6	0.3	38.7	1.9	0.1	761.0	25.2
2011	473.7	0.1	44.2	2.0	0.1	783.7	30.2
2012	455.9	0.12	43.1	3.1	0.2	781.0	29.4

注：2002 年以前砖的数据为砖瓦合计数。

资料来源：主要根据《中国住户调查年鉴》相关各年中的数据整理而来。

三　扩展线性支出系统（ELES）模型的检验

如表4—9所示，根据《中国统计年鉴》中2002—2012年中国农村居民五种收入分组家庭人均年纯收入和居住方面的数据，运用扩展线性支出系统模型，以中国农村居民人均年纯收入为自变量，以居住等为因变量，借助统计软件 SPSS13.0 进行回归分析，各年回归方程的参数估计以及 t 检验值，如表4—10所示。

表4—9　　　　　　中国农村五等份收入户居住资料　　　　　单位：元

年份	项目	平均	低收入	中低收入户	中等收入户	中高收入户	高收入户
2002	纯收入	2475.63	857.13	1547.53	2164.11	3030.45	5895.63
	居住	300.16	127.56	174.75	244.14	336.15	704.75
	总消费	1834.31	1006.35	1310.33	1645.04	2086.61	3500.08
2003	纯收入	2622.24	865.90	1606.53	2273.13	3206.79	6346.86
	居住	308.38	141.56	180.85	240.93	339.43	726.39
	总消费	1943.30	1064.76	1377.56	1732.74	2189.27	3755.57

续表

年份	项目	平均	低收入	中低收入户	中等收入户	中高收入户	高收入户
2004	纯收入	2936.40	1006.87	1841.99	2578.49	3607.67	6930.65
	居住	324.25	154.12	199.93	253.20	345.63	760.74
	总消费	2184.65	1248.29	1580.99	1951.46	2459.55	4129.12
2005	纯收入	3254.93	1067.22	2018.31	2850.95	4003.33	7747.35
	居住	370.16	205.88	249.80	313.19	411.45	758.16
	总消费	2555.40	1548.30	1913.07	2327.69	2879.06	4593.05
2006	纯收入	3587.04	1182.46	2222.03	3148.50	4446.59	8474.79
	居住	468.96	237.17	296.43	406.59	517.86	1011.60
	总消费	2829.02	1624.73	2039.13	2567.92	3230.35	5276.75
2007	纯收入	4140.36	1346.89	2581.75	3658.83	5129.78	9790.68
	居住	573.80	285.61	374.11	495.62	645.29	1227.69
	总消费	3223.85	1850.59	2357.90	2938.47	3682.73	5994.43
2008	纯收入	4760.62	1499.81	2934.99	4203.12	5928.60	11290.20
	居住	678.80	348.24	428.34	538.77	764.25	1518.67
	总消费	3660.68	2144.78	2652.77	3286.44	4191.25	6853.69
2009	纯收入	5153.17	1549.30	3110.10	4502.08	6467.56	12319.05
	居住	805.01	430.48	534.42	655.38	894.63	1731.07
	总消费	3993.45	2354.92	2870.95	3546.04	4591.81	7485.71
2010	纯收入	5919.01	1869.80	3621.23	5221.66	7440.56	14049.69
	居住	835.19	417.71	562.21	718.39	934.9	1787.91
	总消费	4381.82	2535.35	3219.47	3963.80	5025.58	8190.38
2011	纯收入	6977.29	2000.51	4255.75	6207.68	8893.59	16783.06
	居住	961.5	572.28	677.51	856.98	1086.92	1863.74
	总消费	5221.13	3312.59	3962.29	4817.91	6002.88	9149.57
2012	纯收入	7916.58	2316.21	4807.47	7041.03	10142.08	19008.89
	居住	1086.35	637.66	775.19	990.72	1341.22	1952.78
	总消费	5908.02	3742.25	4464.34	5430.32	6924.19	10275.30

资料来源：主要根据《中国统计年鉴》相关各年中的数据整理而来。

表4—10 2002—2012 中国农村居民居住 ELES 模型参数估计值

年份	项目	α_i	β_i	R^2	$t\alpha_i$	$t\beta_i$	F	$D-W$
2002	居住	1.057	0.117	0.993	0.059	21.148	447.217	1.633
	总消费	565.188	0.498	1.000	37.464	106.238	11286.613	2.617
2003	居住	10.987	0.110	0.988	0.464	15.982	255.434	1.424
	总消费	609.188	0.494	1.000	33.560	93.669	8773.849	2.442
2004	居住	6.564	0.105	0.981	0.203	12.350	152.521	1.493
	总消费	703.685	0.490	0.999	22.501	59.710	3565.269	1.725
2005	居住	86.932	0.085	0.992	4.698	19.429	377.499	1.444
	总消费	1023.554	0.460	0.999	40.159	76.380	5833.859	2.344
2006	居住	70.740	0.109	0.991	2.549	18.185	330.710	2.044
	总消费	973.776	0.508	0.999	25.599	61.878	3828.832	2.516
2007	居住	93.322	0.114	0.994	3.422	22.400	501.769	1.729
	总消费	1133.144	0.497	0.999	31.695	74.427	5539.305	2.536
2008	居住	79.177	0.124	0.983	1.373	13.283	176.434	1.336
	总消费	1293.68	0.490	0.998	17.366	40.638	1651.470	1.721
2009	居住	155.02	0.124	0.985	2.591	13.952	194.653	1.379
	总消费	1450.383	0.487	0.997	15.217	34.313	1177.379	1.652
2010	居住	150.170	0.114	0.992	3.358	19.631	385.380	1.662
	总消费	1566.038	0.469	0.999	26.889	62.030	3847.686	1.539
2011	居住	326.564	0.090	0.992	7.660	19.336	373.890	1.693
	总消费	2378.94	0.402	0.998	25.945	40.298	1623.908	2.128
2012	居住	436.958	0.081	0.991	9.175	17.733	314.457	2.549
	总消费	2703.491	0.400	0.997	21.251	32.730	1071.277	2.442

从回归估计的结果看，在 $\alpha = 0.1$ 的显著水平下，各类消费的回归方程均通过 F 检验，解释变量也均通过了 t 检验。并且各项 R^2 值都在 0.980 以上，说明中国农村居民各年纯收入与居住消费支出高度相关，所以，本书使用 ELES 模型对中国农村居民居住消费支出进行分析是完全可行的。根据各年中国农村居民居住消费支出的参数值，可以估算出 2002—2012 年中国农村居民居住支出的边际预算份额、需求收入弹性和基本需求支出，结果见表4—11。

表4—11　　中国农村居民居住边际预算份额、需求收入弹性和基本需求支出

年份	边际消费倾向 β_i	边际预算份额 b_i	需求收入弹性 η_i	$P_i X_i$ 基本需求支出（元/人）
2002	0.117	0.235	0.996	132.74
2003	0.110	0.223	0.963	143.42
2004	0.105	0.214	0.979	151.44
2005	0.085	0.185	0.761	248.05
2006	0.109	0.215	0.847	286.47
2007	0.114	0.229	0.835	350.14
2008	0.124	0.253	0.882	393.72
2009	0.124	0.255	0.805	505.60
2010	0.114	0.243	0.818	486.382
2011	0.090	0.224	0.658	684.60
2012	0.081	0.203	0.595	801.930

四　中国农村居民居住消费实证分析

（一）边际消费倾向和边际预算份额分析

如前面的表1—25所示，在这11年间，中国农村居民居住边际消费倾向在八大类中一直稳居第二位，位居食品之后，说明吃、住仍然是农村居民消费的重点。中国农村居民在温饱得到满足后，紧接着要求改善居住条件，扩大居住面积，提高居住质量。居住较高的边际消费倾向也说明农村居民收入增加后，对居住的支出也随之增大。从纵向来看，如图4—3所示，中国农村居民居住边际消费倾向呈折线式下降趋势，即从2002年的0.117下降到2005年的0.085后又不断上升，2008年上升为0.124，与2009年相同，这一方面是因为中国大多数农村居民家庭子女依然较多，最少有两个孩子，因此居住消费需求较大，另一方面是因为中国农村居民对住房的需求已不仅仅止于居者有其屋，而是更多地追求居者优其屋。水、电、燃料、建房、租金及装修材料价格的上涨，也会导致农村居民居住方面的支出增加。2009年以后，中国农村居民居住边际消费倾向又呈

下降趋势，这是因为中国农村物价的普遍上涨，导致中国农村居民增加的收入中用于增加居住的支出下降。

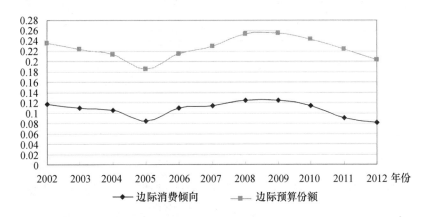

图4—3　中国农村居民居住边际消费倾向和边际预算份额

根据公式 $b_i = \beta_i / \sum \beta_i$ 可以计算出中国农村居民居住的边际预算份额，农村居民居住的边际预算份额趋势与农村居民居住边际消费倾向趋势相同，即中国农村居民居住边际预算份额自2002年以来在八大类中都位居第二位，今后农村居民用于居住的支出会不断增加，居住将是农村居民未来的消费热点之一。如果要扩大内需，增加农村居民的居住消费支出是一个很好的办法。

（二）需求收入弹性分析

如前面的表4—11所示，自2002年以来，中国农村居民居住消费需求收入弹性大于0，说明当农村居民收入提高时会增加用于居住消费的数量。同时，中国农村居民居住消费需求收入弹性小于1，说明中国农村居民对居住消费需求的增长率低于收入的增长率，缺乏弹性，居住对农村居民而言具有必需品的特性。从时间序列来看（图4—4），自2002年以来，中国农村居民居住需求收入弹性呈稳步下降趋势，从2002年的0.996下降到2012年的0.595，下降了40.1个百分点，说明农村居民对居住的需求是刚性需求，居住消费在农村居民消费支出中的重要性不可动摇。传统的消费观念使农村居民热衷于改善居住条件，同时，农民工见多识广，在回到农村后，对居住舒适性的要求增强，讲究室内装饰，更愿意购买家用电器及新型燃料，这都将导致当农村居民收入增加时，用于居住的消费支出比较高。

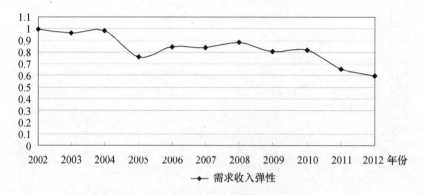

图4—4　中国农村居民居住需求收入弹性

（三）基本需求支出分析

如表4—12所示，2002年以来，中国农村居民居住基本需求呈上升趋势，从2002年的132.74元上升到2012年的801.93元。且每年农村居民平均居住消费支出都远远大于基本需求支出，说明中国农村居民不仅仅局限于满足居住的基本需求，正在向居住的发展型和享受性转化。2004年，中国农村居民居住基本需求低于低收入户，说明中国农村居民最低收入户的居住基本需求也得到了满足。除了2002—2003年，2005—2010年中国农村居民居住的基本需求支出都高于低收入户，低于中低收入户，说明在这些年中国农村依然有20%的低收入户在居住方面的实际消费支出还没达到基本需求支出，需要社会救济。2011—2012年中国农村居民居住基本需求不但低于低收入户，而且也低于中低收入户，说明这两年中国农村居民不但低收入户而且中低收入户居住的基本需求支出也没有得到满足，也说明农村居民在居住方面的差距较大。2012年，农村高收入户人均居住消费是低收入户的3.1倍，农村高收入居住面积和配套设施要明显优于低收入户。

表4—12　　　　中国农村居民居住平均消费支出、基本需求支出　　　单位：元

年份	基本需求	平均消费支出	基本需求占平均消费比重（%）	低收入户	中低收入户	中等收入户	中高收入户	高收入户
2002	132.74	300.16	44.22	127.56	174.75	244.14	336.15	704.75
2003	143.42	308.38	46.51	141.56	180.85	240.93	339.43	726.39
2004	151.44	324.25	46.70	154.12	199.93	253.20	345.63	760.74
2005	248.05	370.16	67.01	205.88	249.80	313.19	411.45	758.16
2006	286.47	468.96	61.09	237.17	296.43	406.59	517.86	1011.60
2007	350.14	573.80	61.02	285.61	374.11	495.62	645.29	1227.69
2008	393.72	678.80	58.00	348.24	428.34	538.77	764.25	1518.67
2009	505.60	805.01	62.81	430.48	534.42	655.38	894.63	1731.07
2010	486.382	835.19	58.24	417.71	562.21	718.39	934.9	1787.91
2011	684.60	961.5	71.20	572.28	677.51	856.98	1086.92	1863.74
2012	801.93	1086.35	73.82	637.66	775.19	990.72	1341.22	1952.78

资料来源：主要根据《中国统计年鉴》相关各年中的数据整理而来。

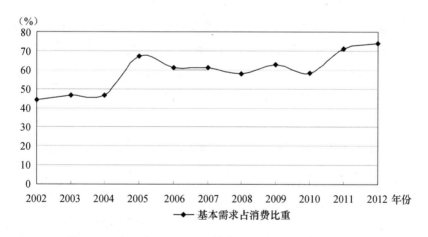

图4—5　中国农村居民居住基本需求占平均消费支出比重

如图4—5所示，自2002年以来，中国农村居民居住基本需求占平均居住消费支出比重呈波浪式上升趋势，说明农村居民在满足居住基本需求

后，用于提高居住质量的消费比例越来越低，2012 年达到近几年的最高点，为 73.82%，说明当年农村居民居住支出中有高达 73.82% 是满足居住的生存性需求，只有 26.18% 是满足居住的享受性需求。提高农村居民发展和享受性居住消费的任务依然艰巨。

五   结论与建议

（一）结论

通过以上分析，笔者得出以下结论：

第一，中国农村居民居住消费支出与人均年纯收入之间高度相关。

第二，中国农村居民居住边际消费倾向在这 11 年间一直稳居第二位，说明农村居民在吃得到满足后，就要求改善居住条件，且居住边际消费倾向呈 "U" 型，说明随着农村居民收入的提高，在居住方面的支出也会不断增加。

第三，农村居民居住的边际预算份额较高，说明居住消费将是农村居民未来的消费热点。

第四，农村居民居住需求收入弹性大于 0 小于 1，表现出必需品的特性。且呈折线式下降趋势，说明农村居民对居住的需求具有刚性。

第五，2002—2003，2005—2010 年中国农村居民居住的基本需求支出都高于低收入户，低于中低收入户，说明中国农村依然有 20% 的低收入户在居住方面的实际消费支出还没达到基本需求支出，需要社会救济。2011—2012 年中国农村居民居住基本需求不但低于低收入户，而且也低于中低收入户，说明这两年中国农村居民中不但是低收入户而且包括中低收入户居住的基本需求支出都没有得到满足，也说明农村居民在居住方面的差距较大。居住基本需求占平均居住消费支出比重较高，且呈波浪式上升趋势，说明农村居民在满足居住基本需求后，用于居住发展和享受性的比例下降。

（二）建议

基于上述结论，笔者提出如下建议：

第一，提高农村居民收入，并切实解决低收入户居住问题。为了提高中国农村居民居住消费水平，增加农村居民在房屋建筑、购买、房租、水、电、燃料等方面的支出，就要提高农村居民的收入水平。国内外学者对于提高农村居民收入的研究很多，比如加强农村基础设施建设，减免农业税等，政府也在提高农村居民收入方面采取了一系列措施，在此不再一一详述，值得一提的是要加强对农村居民的教育培训，这样一方面可以提高农村居民的技术水平，增强农村居民素质，另一面也可以提高外出务工能力，这些都可以提高农村居民收入。收入的提高，对农村居民居住支出增加的推动作用是不言而喻的。同时，针对农村高低收入户居住差距大的问题，对农村低收入户伸出援手，加强农村住房保障体系建设，解决低收入户的居住问题。

第二，农村居民要树立科学合理的居住消费观念。一直以来，中国农村居民在居住支出中存在的错误消费观念，居住支出中的住房一直是其"面子工程"，不管多穷也要建房子，因为农村居民将其作为体现身份地位的象征，在攀比心理的驱使下片面地追求面积越大越好，至于房子的质量、结构则不甚讲究，这就导致了农村居民的大部分住房质量较差、设计不合理，实用性不强。当农村居民出外打工时，大量房子的闲置就不可避免了。并且农村居民在装修住房时，没把安全健康放在第一位，而是把便宜、漂亮放在重要位置，这就导致大部分农村民居装修质量差，对身体健康存在重要影响。这就要求加强对农村居民的宣传，破除攀比心理，树立科学合理的住房消费观念，引导农村居民按需建房，注重房屋质量，追求小而精。为了提高设计水平，政府可以为农村居民提供无偿的建房援助，有条件的地方可以试行住房产业化，提高住房质量。为了提高农村居民房屋的装修质量，要大力推动质优价廉的"建材下乡"，企业要根据农村居民的消费特点设计、开发出适合农村居民需要的建材产品，提高农村居民的居住质量。

第三，加强农村居民居住的配套设施建设。虽然中国农村居民人均住房面积不断增加，居住条件有了改善，但住房配套设施还比较落后，居住质量仍需提高，居住环境仍需改善。主要表现在中国有部分农村居民不能喝上安全卫生的自来水，电费较高，还存在乱拉电线、乱布水管的现象。一部分农村居民使用简易厕所或没有厕所，一些地方农村居民仍用作物秸秆和草木作为能源，使用煤气、天然气、沼气、太阳能等清洁能源的住户较少。这就要求加强农村居住的配套设施建设，改善农村居民的居住环境。要通过市场、政府投入等多种途径筹措资金，以加强对农村自来水、电网的改造工作，确保农村居民都能饮用安全卫生的自来水，享受低价格的电力服务。大力加强改厕工作，倡导使用清洁能源，完善居住配套设施，带动农村居民居住消费支出的增加和生活质量的提高。

第四，发展农村居民居住消费信贷。当前中国一部分农村居民亟待改善居住条件，但由于收入的低下而力不从心，发展居住消费信贷不失为提高农村居民居住消费支出的妙方。当前，中国农村居民居住支出的大部分是自有资金，利用贷款的很少，原因是当前商业银行和信用社缺乏适应农村居民的居住贷款，且现有的针对农村居民居住的消费信贷门槛较高，比如办理住房贷款一般需要达到七项条件，包括稳定的收入、抵押、评估、财产保险等条件。为了满足农村居民改善居住条件的要求，商业银行、信用社要创新消费信贷品种，对农村居民提供新建住房或装修贷款，针对商业银行和信用社对农村居民还贷能力的担忧，政府应提供担保，若确实发生农村居民无法还贷的情况，政府可以通过转移产权的方法减少损失。只有给农村居民提供居住贷款，才能使农村居民将居住的潜在需求转化为现实需求，提升农村居民的居住水平。

第五，保障农村居民居住的基本权益。住房是农村居民最主要的财产，保护这一财产权利比千方百计增加其收入或者给予补贴更加重要。但是，农村居民这一重要财产缺少法律保障，且由于农村集体所有制主体地位的模糊性，农村居民自己的房子没有房产证，不能抵押、转让或出租。当前，由于征地等问题导致农村居民的财产受到侵犯，不利于社会的稳定，也影响农村居民消费的稳定增长。这就要进行法律创新，让农村居民的住房也拥有房产证，切实保护农村居民的财产，并允许自由交易。同时，尽量减轻征地对农村居民造成的损失，照顾农村居民的情绪，缩小征地范围。只有保障农村居民的居住权益，才能形成一个和谐、稳定的社会，农村经济才能得到长足的发展。

第六，适应城镇化的要求，加强规划，引导农村居民向城镇集中。当前，农村居民房屋的建造尚缺乏合理规划，存在布局分散、浪费土地的现象，不利于与公共设施的衔接。2011年政府工作报告中提出要积极稳步推进城镇化，这就要求各地要尊重农村居民进出的自由权，鼓励农民工和农村个体私营业主在城镇购买商品房，同时，保护他们承包地、宅基地的合法权益。对于新建房户，各地方政府，具体到每一村庄的村委会要根据本村的地理位置、资源特点等现实情况认真做好科学规划，合理安排居民点，重点向乡镇或中心村集聚，并要充分考虑水、电、娱乐、健身等配套设施需要。当然，对于我们这个大国来说，城镇化不是一蹴而就的，需要循序渐进的过程，这就要未雨绸缪，在规划上踏踏实实地走好每一步，最终稳步实现城镇化这一宏伟目标。

第五章 中国农村居民家庭设备及
用品消费需求实证分析[*]

一 文献综述与问题的提出

家庭设备及用品支出是指农村住户消费的各种耐用消费品、其他家庭用品及用品的加工修理费用。[①] 衣食住用行，家庭设备及用品作为"用"在生活中也非常重要，是农村居民消费的重要组成部分，其消费高低反映出农村居民的生活质量和水平。当前，国内外学者对家庭设备及用品的研究多散见于消费结构中，专门对家庭设备及用品方面的研究较少，对农村居民家庭设备及用品方面的研究更为罕见。对农村耐用品消费进行研究的较多，黄宇于 2008 年测算了中国各类耐用品的品质恩格尔曲率，然后以品质恩格尔曲率为工具变量估计 1998—2006 年中国各类耐用品的品质升级速度。分析结果表明，中国各类耐用品品质都有升级的特征，但是品质升级速度在不同耐用品之间存在明显差异。[②] 尹清非于 2010 年从个体消费者购买耐用消费品的（S，s）行为出发，推导出了消费者购买耐用消费品的宏观行为模型，得出了消费者人数在各个不同折旧阶段上的比重对耐用消费品的宏观需求有着重要影响的结论，并采用统计力学的方法，建立了这个比重随时间变化的随机动态方程。[③] 王非、洪银兴等于 2010 年

---

* 本章节内容发表在《河南科技大学学报》（社会科学版）2013 年第 2 期，在本书中作了修改。

① 国家统计局农村社会经济调查司：《中国农村住户调查年鉴》（2010），中国统计出版社 2010 年版。

② 黄宇：《品质升级的衡量与评价——基于对转型时期我国耐用品的实证分析》，《产业经济评论》2008 年第 9 期。

③ 尹清非：《耐用消费品消费的模型研究》，《消费经济》2010 年第 6 期。

基于耐用消费品当期购买，在使用年限内各期给消费者带来效用的特点，根据当前中国农村家庭的现实情况，建立了理论模型，分析价格补贴政策对农村家庭耐用品购买和福利的影响。[①] 耐用消费品不能等同于家庭设备及用品，针对学术界关注耐用消费品对家庭设备及用品研究较少的情况，本书对中国农村居民家庭设备及用品消费进行研究，找出问题，提出建议，以期对农村经济的发展有所裨益。

二 中国农村居民家庭设备及用品消费需求现状

（一）研究对象

家庭设备及用品中包括耐用消费品，很多文献把耐用消费品界定为住房、家用电器、交通通信、文教娱乐用品等，笔者认为住房应计入居住支出，交通通信、文教娱乐用品及服务是消费结构中另外两大类，所以，如果把汽车、摩托车、自行车、电视机、照相机、录放像机、固定电话、移动电话、组合音响、影碟机、摄像机、收录机、电脑计入家庭设备及用品有重复计算之嫌，故本书研究对象中不包括居住、交通通信、文教娱乐用品及服务。

（二）资料的选取

除非特别注明，文中资料均来自于相关各年的《中国统计年鉴》。

（三）中国农村居民家庭设备及用品消费现状

如表5—1和图5—1所示，自1980年以来，中国农村居民纯收入不断增长以及家电下乡等惠民政策的实施，使农村居民家庭设备及用品支出呈增长势头，从1980年的4.1元增加到2012年的341.7元，增长了83.3倍。在1988年以前，中国农村居民家庭设备及用品占纯收入比重呈现增长趋势，从1980年的2.14%上升到1988年的5.51%。此后，呈下降趋

---

① 王非、洪银兴、戴蕾：《耐用消费品价格补贴政策及其福利效应研究——基于农村家庭的考察》，《中国工业经济》2010年第1期。

势，2004 年下降为 3.04%。2005 年以来，农村居民家庭设备及用品占纯收入比重又呈上升趋势，至 2012 年，上升为 4.32%。说明农村居民对家庭设备及用品日益重视。

表 5—1 　　　　　　　中国农村居民家庭设备及用品支出情况　　　　单位：人/元

年份	纯收入	生活消费支出	家庭设备及用品	家庭设备及用品占纯收入比重（%）	家庭设备及用品占消费支出比重（%）
1980	191.3	162.2	4.1	2.14	2.53
1981	223.4	190.8	4.2	1.88	2.20
1982	270.1	220.2	9.4	3.48	4.27
1983	309.8	248.3	14	4.52	5.64
1984	355.3	273.8	14.8	4.17	5.41
1985	397.6	317.4	16.2	4.07	5.10
1986	423.8	357	19.6	4.62	5.49
1987	462.6	398.3	21.5	4.65	5.40
1988	544.9	476.7	30	5.51	6.29
1989	601.5	535.4	32.4	5.39	6.05
1990	686.31	584.6	30.9	4.50	5.29
1991	708.6	619.8	35.3	4.98	5.70
1992	784.0	659.0	36.7	4.68	5.57
1993	921.6	769.7	44.7	4.85	5.81
1994	1221.0	1016.8	55.5	4.55	5.46
1995	1577.7	1310.4	68.5	4.34	5.23
1996	1926.1	1572.1	84.2	4.37	5.36
1997	2090.1	1617.2	85.4	4.09	5.28
1998	2162.0	1590.3	81.9	3.79	5.15
1999	2210.3	1577.4	82.3	3.72	5.22
2000	2253.42	1670.1	75.4	3.35	4.51
2001	2366.4	1741.1	77	3.25	4.42

续表

年份	纯收入	生活消费支出	家庭设备及用品	家庭设备及用品占纯收入比重（%）	家庭设备及用品占消费支出比重（%）
2002	2475.6	1834.3	80.35	3.25	4.38
2003	2622.2	1943.3	81.65	3.11	4.20
2004	2936.4	2184.7	89.23	3.04	4.08
2005	3254.93	2555.4	111.44	3.42	4.36
2006	3587.0	2829.0	126.56	3.53	4.47
2007	4140.4	3223.9	149.13	3.60	4.63
2008	4760.6	3660.7	173.98	3.65	4.75
2009	5153.2	3993.5	204.81	3.97	5.13
2010	5919.01	4381.8	234.06	3.95	5.34
2011	6977.29	5221.1	308.9	4.43	5.92
2012	7916.58	5908.02	341.7	4.32	5.78

资料来源：根据《中国统计年鉴》相关各年中的数据整理而来。

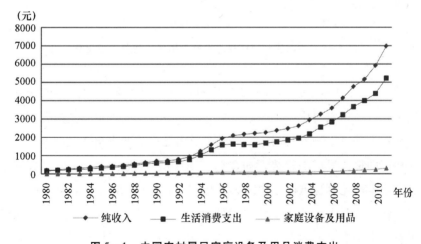

图 5—1 中国农村居民家庭设备及用品消费支出

中国农村居民家庭设备及用品占消费支出比重变化规律与占纯收入比重规律一致，稳定在5%左右。农村居民家庭设备及用品占消费支出比重

1980—2004 年呈倒"U"型，但自 2004 年以来又呈上升趋势，从 2004 年的 4.08% 上升到 2012 年的 5.78%，说明农村居民家庭设备及用品消费尚未饱和，家庭设备及用品消费在农村有广阔的市场。如图 5—2 所示，随着农村居民居住条件的改善以及新产品的出现，农村居民家庭设备及用品消费比例将不断提高，但家庭设备及用品在农村居民消费支出的比重自 2002 年以来一直位居第七位，即只高于其他商品及服务这一项，说明现阶段农村居民家庭设备用品还不够现代化，农村居民对家庭设备及用品不够重视。

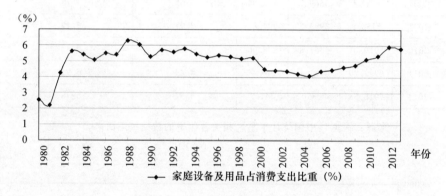

图 5—2　中国农村居民家庭设备及用品占消费支出比重

如表 5—2 所示，从中国五等份农村居民家庭设备及用品占消费支出比例来看，中国农村中的中等收入户家庭设备及用品占消费支出比例接近全国平均水平。中国农村居民家庭设备及用品占消费支出比重随着收入户收入档次的提高呈增加趋势，如 2002 年中国农村高收入户家庭设备及用品占消费支出比例比低收入户高出 0.94 个百分点，2012 年农村高收入户家庭设备及用品占消费支出比例比低收入户高 0.75 个百分点。从时间序列来看，中国农村各种收入户家庭设备及用品占消费支出比例呈提高趋势，2012 年，中国农村低收入户、中等偏下户、中等收入户、中等偏上户、高收入户家庭设备及用品占消费支出比例分别比 2002 年高出 1.4、1.57、1.76、1.4、1.21 个百分点。

表5—2　　按收入五等份农村居民家庭设备及用品消费支出比例

指标	总平均 （%）	低收入户 （20%）	中等偏下户 （20%）	中等收入户 （20%）	中等偏上户 （20%）	高收入户 （20%）
2002	4.38	3.87	4.03	4.12	4.47	4.81
2003	4.20	3.70	3.74	3.83	4.14	4.84
2004	4.08	3.47	3.61	3.66	3.92	4.90
2005	4.36	3.85	3.98	4.12	4.43	4.88
2006	4.47	3.93	4.21	4.29	4.57	4.87
2007	4.63	4.02	4.21	4.55	4.80	5.00
2008	4.75	4.11	4.62	4.73	4.90	5.00
2009	5.13	5.01	4.94	5.03	5.40	5.14
2010	5.34	4.75	5.41	5.57	5.51	5.31
2011	5.92	5.21	5.69	6.00	6.22	6.12
2012	5.78	5.27	5.60	5.88	5.87	6.02

资料来源：主要根据《中国统计年鉴》相关各年中的数据整理得来。

从三大区域来看，如表5—3所示，2012年中国农村居民家庭设备用品消费支出比例呈现由东向西依次递减的趋势。中国中部地区农村居民家庭设备用品消费支出比例最高，为6.40%，其次是东部地区，为5.77%，再次是西部地区，为5.67%，最后是东北地区，为4.08%。

表5—3　　按区域分的农村居民家庭设备用品消费支出基本情况（2012年）

项目	东部地区	中部地区	西部地区	东北地区
消费支出（元）	7682.97	5469.00	4798.36	5941.18
家庭设备及用品（元）	443.55	350.16	271.97	242.63
家庭设备支出比例（%）	5.77	6.40	5.67	4.08

资料来源：主要根据《中国统计年鉴》相关各年中的数据整理而来。

从各省市（自治区）农村居民家庭设备用品消费支出比重来看，如表5—4所示，东北地区当中的黑龙江省农村居民家庭设备及用品占消费支出比例最低，为4.02%，西南地区的重庆市农村居民家庭设备及用品消费支出比例最高，为 8.24%。华南地区的农村居民家庭设备及用品消费支出比例在 5% 左右。西北地区、华北地区的农村居民家庭设备及用品消费支出比例在 4%—6% 之间。华中地区农村居民家庭设备及用品消费支出比例在 6—7% 之间。

表 5—4　　2012 年各省市（自治区）农村居民家庭设备用品消费支出比重比较

省份	消费支出（元）	家庭设备及用品（元）	家庭设备及用品支出比重（%）	省份	消费支出（元）	家庭设备用品支出（元）	家庭设备及用品支出比重（%）
全国	5908.02	341.71	5.78	河南	5032.14	361.63	7.19
北京	11878.92	773.55	6.51	湖北	5726.73	397.86	6.95
天津	8336.55	451.30	5.41	湖南	5870.12	373.50	6.36
河北	5364.14	349.90	6.52	广东	7458.56	378.53	5.08
山西	5566.19	298.29	5.36	广西	4933.58	274.63	5.57
内蒙古	6381.97	268.98	4.21	海南	4776.30	207.47	4.34
辽宁	5998.39	250.52	4.18	重庆	5018.64	413.54	8.24
吉林	6186.17	251.93	4.07	四川	5366.71	333.20	6.21
黑龙江	5718.05	229.66	4.02	贵州	3901.71	211.36	5.42
上海	11971.50	646.13	5.40	云南	4561.33	247.00	5.42
江苏	9138.18	532.95	5.83	西藏	2967.56	173.31	5.84
浙江	10652.73	604.41	5.67	陕西	5114.68	298.69	5.84
安徽	5555.99	346.90	6.24	甘肃	4146.24	250.43	6.04
福建	7401.92	426.70	5.76	青海	5338.91	257.40	4.82
江西	5129.47	278.31	5.43	宁夏	5351.36	304.95	5.70
山东	6775.95	405.75	5.99	新疆	5301.25	219.11	4.13

资料来源：主要根据《中国统计年鉴》相关各年中的数据整理而来。

2003 年，中国农村居民家庭设备支出人均 82 元，比上年增加 1.3 元，增长 1.6%。其中，购买日用品及床上用品的支出分别下降了 13.9% 和 9.9%，购买机电设备支出 17.5 元，增加 4.5 元，增长 35.2%。2004 年，农村居民用于购买家庭设备用品及服务的支出人均

89 元，增加 7.6 元，增长 9.3%。其中，购买日用品的支出增长 5.9%，购买床上用品的支出增长 9.4%，购买机电设备的支出增长 20.8%。如表 5—5 所示，2012 年中国农村居民家庭设备及用品中用于机电设备的支出为 111 元，增长率与 2011 年持平；家具的支出 66 元，比 2011 年增长 16.5%。

表 5—5　　　　　中国农村居民家庭设备及用品分类支出　　　　单位：元/人

年份	家庭设备及用品	增长率（同比%）	机电设备	增长率（同比%）	家具	增长率（同比%）
2008	174	16.7	56	21.3	30	12.6
2009	205	17.7	70	25.1	36	20
2010	234	14.3	86	22.5	43	18.6
2012	342	10.6	111	持平	66	16.5

资料来源：主要根据《中国农村住户调查年鉴》、《中国住户调查年鉴》相关各年中的数据整理而来。

家庭设备及用品内容来看，农村居民开始重视高科技产品带来的便利，拥有的家庭设备及用品不断增加，吸尘器从 2002 年底的平均每百户 0.51 台上升到 2010 年底的 1.4 台，2011 年 1.2 台。微波炉从 2002 年底的平均每百户 1.12 台上升到 2011 年底的 11.8 台。抽油烟机从 1993 年的平均每百户 0.3 台上升到 2012 年底的 14.4 台。如表 5—6 所示，空调机从 1993 年底平均每百户 0.1 台上升到 2012 年底的 25.4 台。热水器从 2000 年底平均每百户 5.1 台上升到 2012 年底的 40.8 台。电冰箱从 1985 年底平均每百户 0.1 台上升到 2012 年底的 67.3 台。洗衣机从 1983 年底平均每百户 0.4 台上升到 2012 年底的 67.2 台。电风扇从 2002 年底平均每百户 134.26 台上升到 2006 年底的 152.08 台。大型家具从 2002 年底平均每百户 292.34 件上升到 2006 年底的 314 件。摩托车从 1986 年平均每百户 0.6 辆上升到 2012 年的 62.2 辆。彩色电视机从 1985 年平均每百户 0.8 台上升到 2012 年的 116.9 台。移动电话从 2000 年底平均每百户 4.3 部上升到 2012 年的 197.8 部。照相机从 1985

年平均每百户 0.2 台上升到 2012 年的 5.2 台。计算机从 2000 年的平均每百户 0.5 台上升到 2012 年的 21.4 台。农村居民拥有的一些家庭设备及用品数量呈先增后减的趋势。自行车从 1978 年的平均每百户 30.8 辆上升到 1995 年的 147 辆后不断下降，2012 年下降为 79 辆。黑白电视机从 1980 年的平均每百户 0.4 台上升到 1996、1997 年的 65.1 台后不断下降，2012 年下降为 1.4 台。固定电话从 2000 年的平均每百户 26.4 部上升到 2007 年的 68.36 部后又不断下降，2012 年下降为 42.2 部。根据商品生命周期的划分原理，即消费导入期是每百户耐用消费品拥有量≤10，消费普及期是每百户耐用消费品拥有量 10—50，消费成熟期是每百户耐用消费品拥有量 50—100，衰退期是每百户耐用消费品拥有量≥100①，当前我国农村吸尘器、微波炉、抽油烟机增长缓慢，处于消费导入期，空调机、热水器、电冰箱、计算机处于消费普及期，洗衣机、固定电话、自行车处于消费成熟期，趋于大众化。电风扇和大型家具在 2002 年已经进入消费衰退期，大型家具是农村居民家庭设备用品中拥有量最高的耐用消费品，其次是电风扇。

表 5—6　　　农村居民家庭年底平均每百户主要耐用消费品拥有量

年份	自行车（辆）	黑白电视机（台）	摩托车（辆）	电冰箱（台）	洗衣机（台）	彩色电视机（台）
1978	30.8	—	—	—	—	—
1979	36.2	—	—	—	—	—
1980	36.9	0.4	—	—	—	—
1981	44.4	0.9	—	—	—	—
1982	51.5	1.7	—	—	—	—
1983	63.4	4	—	—	0.4	—
1984	74.5	7.2	—	—	1	—
1985	80.6	10.9	—	0.1	1.9	0.8

---

① 宦国渝：《农村耐用消费品市场分析》，《经济研究参考》1999 年第 57 期。

续表

年份	自行车（辆）	黑白电视机（台）	摩托车（辆）	电冰箱（台）	洗衣机（台）	彩色电视机（台）
1986	90.3	15.8	—	0.2	3.2	1.5
1987	98.5	22	0.6	0.3	4.8	2.3
1988	107.5	28.6	0.9	0.6	6.8	2.8
1989	113.4	33.9	1	0.9	8.2	3.6
1990	118.3	39.7	0.9	1.2	9.1	4.7
1991	121.6	47.5	1.1	1.6	11.0	6.4
1992	125.7	52.4	1.4	2.2	12.2	8.1
1993	133.4	58.3	2.1	3.1	13.8	10.9
1994	136.5	61.8	3.2	4.0	15.3	13.5
1995	147.0	63.8	4.9	5.2	16.9	16.9
1996	139.1	65.1	8.4	7.3	20.5	22.9
1997	142	65.1	10.9	8.5	21.9	27.3
1998	137.2	63.6	13.5	9.3	22.8	32.6
1999	136.9	62.4	16.5	10.6	24.3	38.2
2000	120.5	53	21.9	12.3	28.6	48.7
2001	120.8	50.7	24.7	13.6	29.9	54.4
2002	121.32	48.1	28.07	14.83	31.80	60.5
2003	118.50	42.8	31.80	15.89	34.27	67.8
2004	118.15	37.9	36.15	17.75	37.32	75.1
2005	98.37	21.8	40.70	20.10	40.20	84.1
2006	98.74	17.4	44.59	22.48	42.98	89.4
2007	97.74	12.1	48.52	26.12	45.94	94.4
2008	97.58	9.9	52.45	30.19	49.11	99.2
2009	96.5	7.7	56.6	37.11	53.14	108.9
2010	96	6.4	59	45.19	57.32	111.8
2011	77.1	1.7	60.9	61.5	62.6	115.5
2012	79	1.4	62.2	67.3	67.2	116.9

续表

年份	固定电话（部）	移动电话（部）	照相机（台）	抽油烟机（台）	空调机（台）	计算机（台）
1993	—	—	—	0.3	0.1	—
1994	—	—	—	0.4	0.1	—
1995	—	—	—	0.6	0.2	—
1996	—	—	—	0.9	0.3	—
1997	—	—	—	2.3	0.4	—
1998	—	—	2.2	1.7	0.6	—
1999	—	—	2.7	2.3	0.7	—
2000	26.4	4.3	3.1	2.8	1.3	0.5
2001	34.1	8.1	3.2	3.2	1.7	0.7
2002	40.77	13.67	3.34	3.58	2.29	1.10
2003	49.06	23.68	3.36	4.11	3.45	1.42
2004	54.54	34.72	3.68	4.81	4.70	1.90
2005	58.37	50.24	4.05	5.98	6.40	2.10
2006	64.09	62.05	4.18	7.03	7.28	2.73
2007	68.36	77.84	4.30	8.14	8.54	3.68
2008	67.01	96.13	4.43	8.51	9.82	5.36
2009	62.7	115.2	4.8	9.75	12.23	7.5
2010	60.8	136.5	5.2	11.11	16.00	10.4
2011	43.1	179.7	4.5	13.2	22.6	18
2012	42.2	197.8	5.2	14.7	25.4	21.4

资料来源：主要根据《中国住户调查年鉴》相关各年中的数据整理而来。

三　扩展线性支出系统(ELES)模型的检验

　　根据《中国统计年鉴》中 2002—2012 年中国农村居民五种收入分组家庭设备及用品消费结构的数据（表 5—7），运用扩展线性支出系统模型，以农村居民人均年纯收入为自变量，以家庭设备及用品支出、消费支出为因变量，借助统计软件 SPSS13.0 进行回归分析，各年回归方程的参数估计以及 t 检验值，如表 5—8 所示。

表 5—7　　　　　　中国农村五等份家庭设备及用品消费支出　　　　　单位：元

年份	项目	平均	低收入户	中低收入户	中等收入户	中高收入户	高收入户
2002	纯收入	2475.63	857.13	1547.53	2164.11	3030.45	5895.63
	家庭设备及用品	80.35	38.95	52.83	67.77	93.32	168.51
	总消费	1834.31	1006.35	1310.33	1645.04	2086.61	3500.08
2003	纯收入	2622.24	865.90	1606.53	2273.13	3206.79	6346.86
	家庭设备及用品	81.65	39.35	51.55	66.33	90.53	181.74
	总消费	1943.30	1064.76	1377.56	1732.74	2189.27	3755.57
2004	纯收入	2936.40	1006.87	1841.99	2578.49	3607.67	6930.65
	家庭设备及用品	89.23	43.35	57.05	71.35	96.36	202.25
	总消费	2184.65	1248.29	1580.99	1951.46	2459.55	4129.12
2005	纯收入	3254.93	1067.22	2018.31	2850.95	4003.33	7747.35
	家庭设备及用品	111.44	59.60	76.22	95.84	127.60	224.14
	总消费	2555.40	1548.30	1913.07	2327.69	2879.06	4593.05
2006	纯收入	3587.04	1182.46	2222.03	3148.50	4446.59	8474.79
	家庭设备及用品	126.56	63.88	85.84	110.13	147.51	256.77
	总消费	2829.02	1624.73	2039.13	2567.92	3230.35	5276.75
2007	纯收入	4140.36	1346.89	2581.75	3658.83	5129.78	9790.68
	家庭设备及用品	149.13	74.47	99.27	133.84	176.83	299.87
	总消费	3223.85	1850.59	2357.90	2938.47	3682.73	5994.43
2008	纯收入	4760.62	1499.81	2934.99	4203.12	5928.60	11290.20
	家庭设备及用品	173.98	88.24	122.55	155.31	205.27	342.96
	总消费	3660.68	2144.78	2652.77	3286.44	4191.25	6853.69
2009	纯收入	5153.17	1549.30	3110.10	4502.08	6467.56	12319.05
	家庭设备及用品	204.81	117.96	141.88	178.46	247.96	384.65
	总消费	3993.45	2354.92	2870.95	3546.04	4591.81	7485.71

续表

年份	项目	平均	低收入户	中低收入户	中等收入户	中高收入户	高收入户
2010	纯收入	5919.01	1869.80	3621.23	5221.66	7440.56	14049.69
	家庭设备及用品	234.06	120.40	174.04	220.73	276.77	435.15
	总消费	4381.82	2535.35	3219.47	3963.80	5025.58	8190.38
2011	纯收入	6977.29	2000.51	4255.75	6207.68	8893.59	16783.06
	家庭设备及用品	308.88	172.56	225.29	289.30	373.31	560.23
	总消费	5221.13	3312.59	3962.29	4817.91	6002.88	9149.57
2012	纯收入	7916.58	2316.21	4807.47	7041.03	10142.08	19008.89
	家庭设备及用品	341.71	197.38	250.08	319.07	406.68	618.40
	总消费	5908.02	3742.25	4464.34	5430.32	6924.19	10275.30

资料来源：主要根据《中国统计年鉴》相关各年中的数据整理而来。

表 5—8　　　2002—2012 年中国农村居民 ELES 模型参数估计值

年份	模型参数	α_i	β_i	R^2	$t\alpha_i$	$t\beta_i$	F	$D-W$
2002	家庭设备及用品	13.727	0.026	0.998	7.073	43.333	1877.726	1.629
	总消费	565.188	0.498	1.000	37.464	106.238	11286.613	2.617
2003	家庭设备及用品	9.857	0.027	0.993	2.238	20.751	430.605	1.394
	总消费	609.188	0.494	1.000	33.560	93.669	8773.849	2.442
2004	家庭设备及用品	6.376	0.027	0.986	0.873	14.281	203.952	1.472
	总消费	703.685	0.490	0.999	22.501	59.710	3565.269	1.725
2005	家庭设备及用品	27.754	0.025	0.997	8.639	33.086	1094.665	1.475
	总消费	1023.554	0.460	0.999	40.159	76.380	5833.859	2.344
2006	家庭设备及用品	28.337	0.027	0.999	11.427	50.248	2524.844	1.587
	总消费	973.776	0.508	0.999	25.599	61.878	3828.832	2.516

续表

年份	模型参数	α_i	β_i	R^2	$t\alpha_i$	$t\beta_i$	F	$D-W$
2007	家庭设备及用品	34.739	0.027	0.998	10.430	43.715	1911.044	2.541
	总消费	1133.144	0.497	0.999	31.695	74.427	5539.305	2.536
2008	家庭设备及用品	47.304	0.026	1.000	24.479	83.875	7035.076	2.480
	总消费	1293.68	0.490	0.998	17.366	40.638	1651.470	1.721
2009	家庭设备及用品	71.160	0.026	0.993	8.518	20.589	423.898	2.465
	总消费	1450.383	0.487	0.997	15.217	34.313	1177.379	1.652
2010	家庭设备及用品	80.998	0.026	0.997	13.376	32.471	1054.391	1.336
	总消费	1566.038	0.469	0.999	26.889	62.030	3847.686	1.539
2011	家庭设备及用品	121.881	0.027	0.996	13.289	26.541	704.439	2.201
	总消费	2378.94	0.402	0.998	25.945	40.298	1623.908	2.128
2012	家庭设备及用品	137.093	0.026	0.998	19.396	37.625	1415.612	2.380
	总消费	2703.491	0.400	0.997	21.251	32.730	1071.277	2.442

　　从回归估计结果看，在 $\alpha=0.1$ 的显著水平下，各类消费的回归方程均通过 F 检验，解释变量也均通过了 t 检验。并且各年 R^2 值都在 0.985 以上，说明中国农村居民在 11 年间，各年纯收入与家庭设备及用品支出高度相关，本书使用 ELES 模型对中国农村居民家庭设备及用品消费支出进行分析可行。同时，根据各年家庭设备及用品的参数值，可估算出 2002—2012 年中国农村居民家庭设备及用品的边际预算份额、需求收入弹性和基本需求支出，结果见表 5—9。

表5—9　农村居民家庭设备及用品边际预算份额、需求收入弹性和基本需求支出

年份	边际消费倾向 β_i	边际预算份额 b_i	需求收入弹性 η_i	P_iX_i 基本需求支出
2002	0.026	0.052	0.824	43.00
2003	0.027	0.055	0.878	42.36
2004	0.027	0.055	0.926	43.63
2005	0.025	0.054	0.746	75.14
2006	0.027	0.053	0.774	81.78
2007	0.027	0.054	0.763	95.56
2008	0.026	0.053	0.723	113.26
2009	0.026	0.053	0.653	144.67
2010	0.026	0.055	0.655	157.68
2011	0.027	0.067	0.607	229.29
2012	0.026	0.065	0.600	254.24

四　中国农村居民家庭设备及用品消费需求实证分析

（一）边际消费倾向和边际预算份额分析

中国农村居民家庭设备及用品边际消费倾向稳定在 0.026 左右，即农村居民在新增收入中会将其中的 2.6% 投入到家庭设备及用品消费支出中去。中国农村居民用于家庭设备及用品的支出较少，这是由于农村居民在当前收入状况的约束下，支出重心更多地倾向于居住条件的改善、交通通信工具的购买，对家庭设备及用品尚不够重视，从而千方百计挤压这部分支出。且由于当前农村消费的硬环境和软环境较差，农村居民尽可能用人力代替家庭设备及用品，比如用劳动力替代洗衣机，或用价格低的产品替代价格高的产品，比如用电扇替代空调，从而抑制了农村居民家庭设备及用品的支出，这都导致当农村居民纯收入增加时，对家庭设备及用品消费的增加较少。

如图 5—3 所示，根据公式 $b_i = \beta_i / \sum \beta_i$ 可以计算出边际预算份额，农村居民家庭设备及用品的边际预算份额稳定在 0.054 左右。说明在"家电下乡"以及新技术导致新产品不断涌现的背景下，农村居民并不注重家

庭设备用品的更新换代，对家庭设备及用品的支出仍然不够旺盛。当前，在农村居民家庭设备及用品并不饱和的情况下，如何提高农村居民家庭设备及用品支出是值得深入思考的问题。

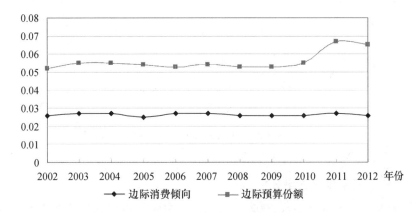

图 5—3　中国农村居民家庭设备及用品边际消费倾向和边际预算份额

（二）需求收入弹性分析

中国农村居民家庭设备及用品需求收入弹性反映农村居民家庭设备及用品需求量的变动对农村居民纯收入变动的敏感程度。如表 5—9 所示，这 11 年间，中国农村居民家庭设备及用品收入弹性大于 0 小于 1，缺乏弹性，说明随着农村居民纯收入的增加，会增加对家庭设备及用品的消费量，但家庭设备及用品消费需求的增长率低于纯收入的增长率。如图 5—4 所示，中国农村居民家庭设备及用品需求收入弹性呈倒 "U" 型趋势，即从 2002 年的 0.824 上升到 2004 年的 0.926，2005 年下降为 0.746，2006 年略有上升，此后又平稳下降，2012 年下降到 0.600，说明农村居民对家庭设备及用品需求的增长速度会越来越缓慢。虽然农村居民家庭设备及用品表现出必需品的特性，但对农村居民而言，家庭设备及用品弹性较大，对收入的反应较为敏感，农村居民开始追求家庭设备及用品中的享受性消费，比如空调、电冰箱等。只要农村水、电等基础设施健全，农村家庭设备及用品中的享受性消费将有一个大发展的时期。

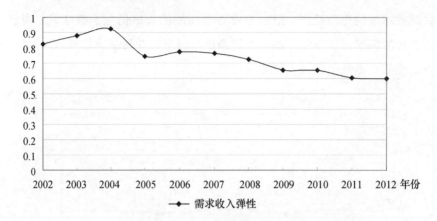

图 5—4　中国农村居民家庭设备及用品需求收入弹性

（三）基本需求支出分析

如表 5—10 所示，自 2002 年以来，中国农村居民家庭设备及用品基本需求呈上升趋势，从 2002 年的 43 元增加到 2012 年的 254.24 元，且农村居民每年实际家庭设备及用品消费支出都远高于基本需求支出，说明中国农村居民家庭设备及用品的基本需求得到了充分满足。从五种收入分组来看，除了 2009、2011、2012 年，其余八年农村居民家庭设备及用品的基本需求都高于低收入户，低于中低收入户，说明在这 8 年间中国农村依然有 20% 的低收入户在家庭设备及用品方面的消费支出还没达到基本需求，生活贫困。2009、2011、2012 这 3 年间，中国农村居民家庭设备及用品基本需求不但高于低收入户、而且高于中低收入户，低于中等收入户，说明这三年中国农村不但低收入户家庭设备及用品基本需求没有得到满足，而且中低收入户家庭设备及用品基本需求也没有得到满足。中国农村居民家庭设备及用品方面差距较大。2012 年，农村高收入户家庭设备及用品支出是低收入户的 3.13 倍。高收入户开始消费空调、微波炉、热水器等享受性家庭设备及用品，且对品种、质量和档次要求较高，生活方式向现代化方向迈进。低收入户家庭设备及用品支出较少，这类收入户主要购买生活必需的低档次的家庭设备及用品。

如图 5—5 所示，中国农村居民家庭设备及用品基本需求占平均消费支出比重呈折线式上升趋势，说明农村居民在满足家庭设备及用品基本需求后，用于家庭设备及用品的享受性比例下降，提高农村居民享受性家庭设备及用品消费的任务迫在眉睫。

表5—10 农村居民家庭设备及用品平均消费支出、基本需求支出总额 单位：元

年份	基本需求	平均消费支出	基本需求占平均消费比重（%）	低收入户	中低收入户	中等收入户	中高收入户	高收入户
2002	43.00	80.35	53.52	38.95	52.83	67.77	93.32	168.51
2003	42.36	81.65	51.88	39.35	51.55	66.33	90.53	181.74
2004	43.63	89.23	48.90	43.35	57.05	71.35	96.36	202.25
2005	75.14	111.44	67.43	59.60	76.22	95.84	127.60	224.14
2006	81.78	126.56	64.62	63.88	85.84	110.13	147.51	256.77
2007	95.56	149.13	64.08	74.47	99.27	133.84	176.83	299.87
2008	113.26	173.98	65.10	88.24	122.55	155.31	205.27	342.96
2009	144.67	204.81	70.64	117.96	141.88	178.46	247.96	384.65
2010	157.68	234.06	67.37	120.40	174.04	220.73	276.77	435.15
2011	229.29	308.88	74.23	172.56	225.29	289.30	373.31	560.23
2012	254.24	341.71	74.40	197.38	250.08	319.07	406.68	618.40

资料来源：主要根据《中国统计年鉴》相关各年中的数据整理而来。

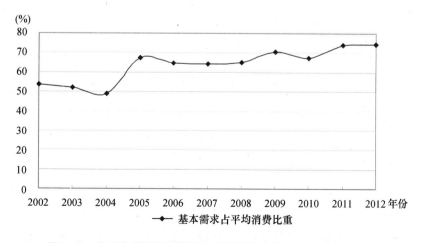

图5—5 中国农村居民家庭设备及用品基本需求占平均消费比重

五　结论与建议

（一）结论

通过上文分析，笔者得出以下结论：

第一，中国农村居民家庭设备及用品支出与人均年纯收入高度相关。

第二，农村居民家庭设备及用品边际消费倾向较低且稳定。

第三，农村居民家庭设备及用品收入弹性大于 0 小于 1，缺乏弹性，呈倒"U"型，农村居民对家庭设备及用品的需求增长速度会越来越缓慢。

第四，中国农村依然有 20% 的低收入户在家庭设备及用品方面的消费支出还没达到基本需求，生活贫困，农村居民在家庭设备及用品消费方面存在差距。

第五，农村居民家庭设备及用品基本需求占实际消费支出比重呈折线式上升趋势，农村居民在满足家庭设备及用品基本需求后，用于家庭设备及用品的享受性比例下降。

（二）建议

基于上述结论，为了提高中国农村居民家庭设备及用品消费需求，以扩大农村居民消费需求，促进农村经济又好又快发展，笔者提出如下建议：

第一，提高农村居民收入，尤其是低收入户收入，缩小农村居民收入差距。如上所述，不管是生存性家庭设备及用品，还是享受性家庭设备及用品，都与收入密不可分，所以，为了进一步提高农村居民家庭设备及用品的消费水平，增加农村居民对室内装饰、床上用品、家庭日用杂品、家具用品、保姆服务的消费，必须提高农村居民的收入水平。而对于如何提高农村居民收入水平，国内外学者的研究颇多，政府也通过减免农业税等一系列措施来提高农村居民收入，不再详述。值得一提的是要重点加强对农村居民的培训，使农村居民掌握一定的农业技术，在一定程度上摆脱靠天吃饭的情况；加强对农村居民使用信息的指导，通过指导农村居民使用互联网，架构起一座农村居民与外界沟通的桥梁，既能解决农产品"卖难"问题，又能根据市场需求供给农产品，提高增收能力；同时，要对农村的低收入户加大转移支付的力度，使这部分低收入户能消费得起家庭设备及用品。

第二，加强农村基础设施建设，为家庭设备及用品消费创造良好的条件。家庭设备及用品的使用离不开供电、供水、交通等基础设施，这些基础设施是家庭设备用品使用的前提条件，基础设施是否完善，直接影响了农村居民对家庭设备及用品的消费情况。政府近些年来在加强农村基础设施建设方面不遗余力，但与城市相比，中国农村的基础设施还比较落后，有的农村居民购买来的大件设备用品比如洗衣机会处于闲置状态，原因是由于电力系统、自来水系统、排水系统等配套设施不够健全。基础设施的不完善严重影响了农村居民使用家庭设备及用品的热情，导致家庭设备及用品的消费发展缓慢，也影响了农村居民生活质量的进一步提高。道路交通设施作为农村地区重要的运输方式，对家庭设备及用品的消费也具有一定影响。所以，要进一步加强农村基础设施建设，增加基础设施的投入力度，通过电网改造，改善电力基础设施；加强农村自来水系统和下水系统的建设，使中国农村居民家家户户都能用上干净的自来水，顺利推进农村的"厨房革命"和"厕所革命"；加强农村道路交通设施建设，使村村通公路得以实现。总之，随着农村基础设施建设的完善，农村居民家庭设备及用品的消费必然会随之增加。

第三，商家和企业要针对农村居民家庭设备及用品的消费习惯，提供适销对路的家庭设备及用品。由于收入的影响，中国农村居民对家庭设备及用品的购买在消费习惯方面表现为追求便宜和实用，即农村居民在购买家庭设备用品时对外观是否美观、样式是否新颖、材料是否环保并不注重，只注重是否坚固耐用，使用是否简便可行，价格是否实惠，尚不注重产品给其带来的精神享受。但当前农村供应的家庭设备及用品，大多是针对城市居民需求特点而研发生产的，缺乏针对农村居民需求特点的产品，价格、功能与农村居民的消费习惯不符，供需错位，限制了农村居民家庭设备及用品消费需求的增长。价格是影响农村居民家庭设备及用品的重要因素，享受性家庭设备及用品需求价格弹性大，价格的稍微上升就会引起农村居民需求量的大幅下降。这就要求商家和企业把眼光投向农村居民，真正树立为农村居民服务的观念和意识，生产出功能简单、使用方便、价格便宜的家庭设备及用品，推动家庭设备及用品在农村的普及。随着新农村建设的稳步推进、农村居民收入的提高，只要相关企业能生产出适销对路的产品，必然能促进农村家庭设备及用品消费需求的提高。

第四，加强农村流通网络建设，改善家庭设备及用品售后服务，维护农村消费者权益。由于农村地域分散和购买力分散，所以农村流通渠道不畅通，家庭设备及用品的售后服务无法得到保证。农村居民购买了大件家庭设备用品后，如果不合格和不满意，难以退换，也很难享受到免费调试、应用培训、零部件供应服务；由于大部分商家、厂家在农村没有设立售后服务站，导致农村居民家庭设备用品出现故障后也不能得到及时、周到的维修；且由于农村居民受教育程度不高，对家庭设备及用品辨别能力不强，工商部门在农村的监管存在很多漏洞，农村市场秩序不规范，一些不法商家以次充好，把二手产品更新后售往农村市场，损害了农村消费者权益；农村居民法制观念淡薄，合法权益受到损害后不知道如何维权，打击了农村居民购买家庭设备及用品的积极性。这就要求加强农村流通网络建设，合理布局农村商业网点，保证家庭设备用品流通渠道畅通无阻；同时，在农村增设售后服务网点，方便农村居民；健全法律法规，对生产、销售假冒伪劣商品的企业进行严惩；对农村居民进行消费者权益教育，使农村居民在自身权益受到损害后及时维护。

第五，健全农村社会保障制度和消费信贷制度，为农村居民家庭设备及用品消费提供制度保障。农村居民家庭设备及用品的消费需要社会保障制度和信用制度的保证，中国虽然建立了以医疗、养老、最低生活保障为主的农村社会保障体系和消费信贷制度，但还需要进一步完善。就农村医疗来说，新农村合作医疗制度的实施在一定程度上减轻了农村居民的医疗负担，但其在农村的"硬件"和"软件"不健全，仅在大病时提供部分费用，门诊保障和疑难重病还没有纳入其中，且合作医疗定点医院少、药费不透明、报销手续繁琐；就农村养老保障状况来说，家庭养老功能弱化，社会养老保险滞后，农村居民基本上被排除在外，随着土地养老功能的减弱，一部分农村居民成为城镇化中的弱势群体；农村最低社会保障费用较低，不能真正发挥社会保障功能。社会保障制度的滞后，使得农村居民不得不进行储蓄，影响了对家庭设备及用品的消费。就农村消费信贷来说，供给品种少，消费信贷环境差，满足不了农村居民对机电设备等家庭设备及用品的消费需求。当前，要完善新型农村合作医疗制度，把门诊保障、疑难重病纳入其中，增加定点医院，透明医疗费用，简化报销手续，适当放宽给付条件，提高给付水平，满足医疗需求；加大对农村养老保险的投入，使农村居民老有所依；提高最低生活保障费用，使其对农村居民能真正起到保障作用；扩大消费信贷品种，优化农村消费信贷环境，为农村居民提供家庭设备及用品消费信贷，促进农村居民家庭设备及用品消费的实现。

第六章 中国农村居民交通通信消费需求实证分析[*]

交通通信支出是指中国城乡居民用于交通和通信方面的支出，包括家庭交通工具及维修、交通费、通信工具、邮电费等。交通通信的发展有利于推动经济发展、促进信息交流，开阔人们的视野，提高了人们的生活质量。当前，交通通信已逐渐成为人们生活中不可或缺的一部分，西方对其研究的理论较多。

一 问题的提出与现有文献综述

中国以省份为单元的消费结构，以及关于对全国农村、城镇居民消费结构进行研究的成果颇多，在这些研究中，会提及交通通信消费的情况，也有不少文章把交通通信、文教娱乐、医疗保健三项合起来作为广义的信息消费进行分析，但专门把交通通信消费作为研究对象进行研究的文章甚少。边语、谷中原于 2006 年以湖南东岸乡和三合乡为例，认为湖南农民交通消费主体主要是中青年和老年人，他们的私人交通工具从人力交通工具转变到机械交通工具、对本地交通和通信状况比较满意、网络和公用电话成为农民发展交通消费的新亮点。最后，文章认为要发展农村经济、发展农村交通事业、引导农民树立合理的交通消费观念、加强农村交通的组织化管理。[①] 胡佩于 2009 年认为湖南农户交通消费当时呈现出理性消费、

---

* 本章节内容发表在《广东商学院学报》2010 年第 6 期，在本书中作了修改。
① 边语、谷中原：《对湖南农民交通消费现状的实证研究——以东岸乡和三合乡为例》，《长沙铁道学院学报》（社会科学版）2006 年第 12 期。

消费比例偏大等特征，农民的收入、农村交通的状况以及农民的消费习惯是形成这些特征的主要原因。[①] 朱孟晓于 2009 年对城乡之间消费结构上的交通通信支出比重相对于时间变化与收入水平变化进行了分析，深刻揭示了农村居民相关消费特征，提出并检验了城镇消费升级对农村的先导作用或农村对城镇消费升级的追赶特征。[②] 朱孟晓、臧旭恒于 2010 年在总结已有相关研究的基础之上，阐释了交通通信服务特有的经济溢出效应，主要表现在创造市场机会、提高交易效率、降低信息不对称性和节约交易成本几个方面。并通过构建 VAR 模型进行实证考察，结果显示了经济增长与交通通信服务之间相互促进的动态影响特征。VAR 模型的方差分析表明，交通通信服务发展对经济增长的贡献有一定的滞后期。与通信服务相比较，交通服务对 GDP 的贡献度较大，这也在一定程度反映了中国当前经济增长阶段交通服务比通信服务相对重要的一面，这要求我们今后发展中应该注重交通服务水平"软"实力的提高。[③] 姜惠芬、郭庆良等于 2010 年论述了湖南农村交通消费现状及发展中的问题，分析湖南农村居民交通消费扩大的原因，最后提出优化湖南农村交通消费的对策。[④] 李春梅、李国璋、赵桂婷于 2014 年首先对 1994—2010 年城乡居民交通通信消费与收入关系进行统计分析与比较，并基于凯恩斯绝对收入消费理论，构建城（乡）居民人均交通通信消费支出与人均可支配收入、城乡居民收入基尼系数与交通通信平均消费倾向之间的消费模型，对比分析了中国城镇与农村居民交通通信消费支出与其收入及与其内部收入分配差距之间的关系，认为中国城乡居民平均收入尚处于较低水平，收入约束对居民尤其是农村居民交通通信消费的抑制作用明显；随着城、乡居民内部收入差距的扩大，其交通通信平均消费倾向均上升，而农村居民的上升幅度远高于

---

① 胡佩：《湖南农户交通消费的现状及致因》，《湖南税务高等专科学校学报》2009 年第 3 期。

② 朱孟晓：《转型期农村居民消费升级行为的一个考察：基于城乡交通通信支出行为的比较》，《产业经济评论》2009 年第 1 期。

③ 朱孟晓、臧旭恒：《交通通信服务发展的经济效应分析：我国的考察》，《山东经济》2010 年第 3 期。

④ 姜惠芬、郭庆良：《发展湖南农村居民交通消费的探讨》，《消费经济》2010 年第 2 期。

城镇居民，与凯恩斯所描述的收入差距越大平均消费倾向越小的规律并不吻合，究其原因，这正是城乡居民人均收入水平低下而农村情况更加严重的宏观经济现实的一个表象。最后提出了相关的政策建议。[①] 程小燕于2013 年运用 EG 协整分析，以 2000—2011 年的统计资料为样本，分别对山西省城镇与农村居民交通通信消费支出情况进行了对比分析，结果表明，山西省城镇居民的交通通信消费在短期范围内受可支配收入的影响较大，而农村居民的交通通信消费支出和总收入之间存在着长期的均衡关系。[②] 中国农村居民交通通信消费支出的提高，在促进农村居民收入增加的同时，也会促进中国经济的发展。所以，研究农村居民交通通信消费状况，得出结论，并提出建议，对于促进中国农村经济又好又快发展具有重要意义。

二　中国农村居民交通通信消费现状

自 1980 年以来，随着中国农村居民家庭人均年纯收入的不断提高，消费模式由满足吃、穿为主的生存性，逐步向发展型、享受性过渡。随着农村居民消费的升级，作为发展型重要组成部分的交通通信支出不断提高，从 1980 年的人均支出 0.6 元增加到 2012 年的 652.8 元，是 1980年的 1088 倍，详见表 6—1。值得注意的是，交通通信支出的占纯收入的比重整体上呈现增长趋势，从 1980 年的 0.31% 上升到 2012 年的8.25% 。与此同时，中国农村居民交通通迅占消费支出的比重也呈稳定上升趋势，从 1980 年的 0.37% 上升到 2012 年的 11.05% 。说明中国农村居民越来越重视交通通信，使其在纯收入和消费支出中所占的比重越来越高。

---

① 李春梅、李国璋、赵桂婷：《我国城乡居民交通通信消费与收入关系的比较——基于1994—2010 年数据的实证分析》，《甘肃社会科学》2014 年第 1 期。

② 程小燕：《山西省城乡交通通信消费支出的对比分析》，《太原师范学院学报》（自然科学版）2013 年第 12 期。

表 6—1　　　　　　　　中国农村居民交通通信支出情况　　　　　单位：元/人

年份	纯收入	消费支出	交通通信	交通通信占纯收入比重（%）	交通通信占消费支出比重（%）
1980	191.3	162.2	0.6	0.31	0.37
1981	223.4	190.8	0.6	0.27	0.31
1982	270.1	220.2	0.6	0.22	0.27
1983	309.8	248.3	3.6	1.16	1.45
1984	355.3	273.8	3.4	0.96	1.24
1985	397.6	317.4	5.6	1.41	1.76
1986	423.8	357	6.2	1.46	1.74
1987	462.6	398.3	8.2	1.77	2.06
1988	544.9	476.7	8.9	1.63	1.87
1989	601.5	535.4	8.5	1.41	1.59
1990	686.31	584.6	8.4	1.22	1.44
1991	708.6	619.8	10.3	1.45	1.66
1992	784.0	659.0	12.2	1.56	1.85
1993	921.6	769.7	17.4	1.89	2.26
1994	1221.0	1016.8	24	1.97	2.36
1995	1577.7	1310.4	33.8	2.14	2.58
1996	1926.1	1572.1	47.1	2.45	3.00
1997	2090.1	1617.2	53.9	2.58	3.33
1998	2162.0	1590.3	60.7	2.81	3.82
1999	2210.3	1577.4	68.7	3.11	4.36
2000	2253.4	1670.1	93.1	4.13	5.57
2001	2366.4	1741.1	110	4.65	6.32
2002	2475.6	1834.3	128.53	5.19	7.01
2003	2622.2	1943.3	162.53	6.20	8.36
2004	2936.4	2184.7	192.63	6.56	8.82
2005	3254.9	2555.4	244.98	7.53	9.59
2006	3587.0	2829.0	288.76	8.05	10.21
2007	4140.4	3223.9	328.40	7.93	10.19
2008	4760.6	3660.7	360.18	7.57	9.84
2009	5153.2	3993.5	402.9	7.82	10.09
2010	5919.01	4381.8	461.1	7.79	10.52
2011	6977.29	5221.1	547	7.84	10.48
2012	7916.58	5908.02	652.8	8.25	11.05

资料来源：主要根据《中国统计年鉴》相关各年中的数据整理而来。

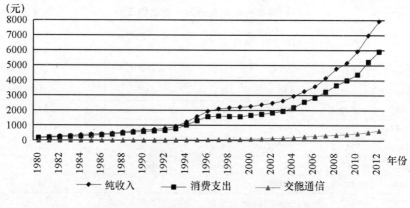

图 6—1 中国农村居民交通通信消费支出

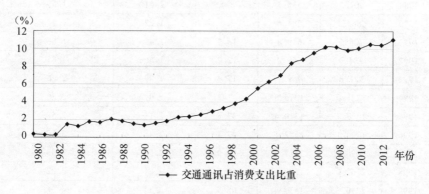

图 6—2 中国农村居民交通通信占消费支出比重

　　如表 6—2 所示，从中国收入五等份农村居民家庭交通通信消费支出比例来看，中国农村中的中等偏上户交通通信消费支出比例接近全国农村居民交通通信消费支出比例的平均水平。自 2002 年以来，中国农村中等收入户交通通信消费支出比例远低于全国农村交通通信消费支出比例的平均水平，说明中国农村居民家庭在交通通信消费支出方面的差距较大。中国农村居民家庭交通通信消费支出比例随着农村居民家庭收入档次的提高呈增加趋势，如 2012 年中国农村高收入户交通通信消费支出比例分别比低收入户、中等偏下户、中等收入户、中等偏上户高 4.18、4.57、3.74、3.23 个百分点。同时，中国农村各类收入户都随着收入的提高对交通通信消费支出的比例也随着增加，2012 年中国农村低收入户、中等偏下户、中等收入户、中等偏上户、高收入户交通通信消费支出比例分别比 2002 年高出 5.48、4.08、3.96、3.22、4.63 个百分点。

表 6—2　　　按收入五等份农村居民家庭交通通信消费支出比重

年份	总平均 （%）	低收入户 （20%）	中等偏下户 （20%）	中等收入户 （20%）	中等偏上户 （20%）	高收入户 （20%）
2002	7.01	4.15	5.16	6.11	7.36	9.18
2003	8.36	5.34	6.10	7.44	8.37	10.99
2004	8.82	5.93	6.91	7.87	8.85	11.37
2005	9.59	7.18	8.04	8.89	9.78	11.74
2006	10.21	7.95	8.75	9.47	10.77	11.87
2007	10.19	7.77	8.80	9.70	10.46	11.98
2008	9.84	7.85	8.45	9.20	9.80	11.76
2009	10.09	8.08	8.37	9.24	10.22	12.17
2010	10.52	8.23	8.73	9.39	10.46	13.11
2011	10.48	8.82	8.95	9.88	10.56	12.50
2012	11.05	9.63	9.24	10.07	10.58	13.81

资料来源：主要根据《中国统计年鉴》相关各年中的数据整理而来。

从中国四大区域来看（表 6—3），中国东部地区农村居民不但在交通通信消费支出绝对数上占第一位，而且交通通信消费支出比例也占第一位。中国东北地区农村居民的交通通信消费支出比例位居第二。中国中部地区农村居民的交通通信绝对支出位居第三，但交通通信消费比例位居最后。中国西部地区农村居民交通通信绝对支出位居最后。

表 6—3　　按区域分的农村居民家庭交通通信消费支出情况（2012 年）

项目	东部地区	中部地区	西部地区	东北地区
消费支出（元/人）	7682.97	5469.00	4798.36	5941.18
交通通信（元/人）	965.77	515.71	503.93	654.66
交通通信支出比例（%）	12.57	9.43	10.50	11.02

资料来源：主要根据《中国统计年鉴》相关各年中的数据整理而来。

　　从各省市（自治区）来看（表6—4），中国华中、华南地区农村居民交通通信消费支出比例最低，在8%—11%之间，其中湖南省的农村居民交通通信消费支出比例最低，为8.20%。其次是东北地区，农村居民交通通信消费支出比例在10%—11%之间，华北地区交通通信支出比例在11%—14.3%之间。华东地区农村居民交通通信消费支出比例最大，其中的四个省份交通通信支出比例超过了13.8%，江苏省交通通信消费支出比例在全国各省市（自治区）中居于首位，达到了14.35%。

表6—4　　2012年各省市（自治区）农村居民交通通信消费支出比重比较

省份	消费支出（元/人）	交通通信（元/人）	交通通信支出比重（%）	省份	消费支出（元/人）	交通通信（元/人）	交通通信支出比重（%）
全国	5908.02	652.79	11.05	河南	5032.14	525.11	10.44
北京	11878.92	1398.80	11.78	湖北	5726.73	496.10	8.66
天津	8336.55	1066.27	12.79	湖南	5870.12	481.58	8.20
河北	5364.14	604.33	11.27	广东	7458.56	760.07	10.19
山西	5566.19	625.99	11.25	广西	4933.58	453.01	9.18
内蒙古	6381.97	912.25	14.29	海南	4776.30	435.58	9.12
辽宁	5998.39	668.71	11.15	重庆	5018.64	489.31	9.75
吉林	6186.17	699.03	11.30	四川	5366.71	463.94	8.64
黑龙江	5718.05	611.34	10.69	贵州	3901.71	371.35	9.52
上海	11971.50	1704.83	14.24	云南	4561.33	470.19	10.31
江苏	9138.18	1311.05	14.35	西藏	2967.56	363.95	12.26
浙江	10652.73	1499.95	14.08	陕西	5114.68	503.34	9.84
安徽	5555.99	516.60	9.30	甘肃	4146.24	436.03	10.52
福建	7401.92	794.98	10.74	青海	5338.91	683.73	12.81
江西	5129.47	494.46	9.64	宁夏	5351.36	620.79	11.60
山东	6775.95	937.55	13.84	新疆	5301.25	646.42	12.19

　　资料来源：主要根据《中国统计年鉴》相关各年中的数据整理而来。

2000 年中国农村居民通信工具费用支出 6.24 元，增长 72.9%；交通费支出 26.73 元，增长 43%，与此同时，农村居民对通信设备的需求增加，邮电费快速增长，农村居民人均邮电费支出 24.91 元，增长高达 90.2%。如表 6—5 所示，2012 年中国农村居民交通通信中交通工具支出最多，为 223 元，比 2011 年增长 28.5%；其次是通信费支出，为 137 元，在交通通信支出中占 21%。通信工具支出 47 元，比 2011 年增长 20%。

表 6—5 中国农村居民交通通信分类支出 单位：元/人

年份	交通通信	增长率（同比%）	交通工具	增长率（同比%）	交通工具用燃料	增长率（同比%）	通信工具	增长率（同比%）	通信费	增长率（同比%）
2000	93	35.5	26.7	43	—	—	6.24	72.9	24.9	90.2
2003	163	26.5	41	30.8	41	8.1	14	38.2	54	24.8
2004	193	18.5	50	22.1	45	9.1	18	23.9	64	19.8
2008	360	9.7	90	12.7	—	—	31	1.1	115	9.0
2009	403	11.9	121	33.7	46	12.1	28	-9.1	123	6.6
2010	461	14.4	153	27	56	20.2	31	7.4	130	5.9
2012	653	19.3	223	28.5	110	19.5	47	20	137	12.9

资料来源：主要根据《中国农村住户调查年鉴》、《中国住户调查年鉴》相关各年中的数据整理而来。

就农村居民交通方式来看，由以前的步行、骑自行车、三轮车转变为骑自行车、摩托车和开汽车。如表 6—6 所示，摩托车普及率一度提高，摩托车从 1987 年平均每百户 0.6 辆上升到 2012 年底 62.2 辆，说明摩托车已成为农村居民重要的交通工具。自行车拥有量下降，自行车从 1978 年的平均每百户 30.8 辆上升到 1995 年的 147 辆后不断下降，2012 年下降为 79 辆。同时，随着近年来现代化通信技术的迅猛发展，固定电话初装费逐步降低，各种通信工具特别是移动电话的大幅降价，农村居民通信方式日益先进，由以前的信件、邮递包裹，转变为固定电话、手机、小灵通和电脑网络。如表 6—7 所示，中国农村居民拥有的固定电话从 2000 年的平均每百户 26.4 部上升到 2007 年的 68.36 部后又不断下降，2012 年下降为 42.2 部。移动电话从 2000 年底平均每百户 4.3 部上升到 2012 年的 197.8 部。与此同时，家用计算机拥有数量大幅度增加，从 2000 年底的平均每百户 0.5 台上升到 2012 年底的 21.4 台，互联网也开始进入农村居民家庭。与此相反，寻呼机等的绝对消费量呈下降趋势，从 2002 年底平均每百户 5.45 部下降到 2006 年底的 0.29 部。这反映出国家对农村交通通信基础设施的大规模建设，使越来越多的农村居民享受到现代交通通信的方便与快捷。

表 6—6　　　农村居民家庭年平均每百户自行车和摩托车拥有量　　　单位：辆

年份	1978	1979	1980	1981	1982	1983	1984	1985	1986	1987	1988	1989
自行车	30.8	36.2	36.9	44.4	51.5	63.4	74.5	80.6	90.3	98.5	107.5	113.4
摩托车	—	—	—	—	—	—	—	—	0.6	0.9	1.0	

年份	1990	1991	1992	1993	1994	1995	1996	1997	1998	1999	2000	2001
自行车	118.3	121.6	125.7	133.4	136.5	147.0	139.1	142	137.2	136.9	120.5	120.8
摩托车	0.9	1.1	1.4	2.1	3.2	4.9	8.4	10.9	13.5	16.5	21.9	24.7

年份	2002	2003	2004	2005	2006	2007	2008	2009	2010	2011	2012	
自行车	121.32	118.50	118.15	98.37	98.74	97.74	97.58	96.5	96.0	77.1	79.0	
摩托车	28.07	31.80	36.15	40.70	44.59	48.52	52.45	56.6	59.0	60.9	62.2	

资料来源：主要根据《中国住户调查年鉴》相关各年中的数据整理而来。

表 6—7　　　农村居民家庭年平均每百户主要耐用消费品拥有量

年份	固定电话机 （部）	移动电话 （部）	寻呼机 （部）	计算机 （台）	汽车（生活用） （辆）
2000	26.4	4.3	—	0.5	0.3
2001	34.1	8.1	—	0.7	0.4
2002	40.77	13.67	5.45	1.10	0.4
2003	49.06	23.68	3.02	1.42	0.5
2004	54.54	34.72	1.92	1.90	0.6
2005	58.37	50.24	0.36	2.10	0.8
2006	64.09	62.05	0.29	2.73	1.1

续表

年份	固定电话机 （部）	移动电话 （部）	寻呼机 （部）	计算机 （台）	汽车（生活用） （辆）
2007	68.36	77.84	—	3.68	1.2
2008	67.01	96.13	—	5.36	1.3
2009	62.7	115.2		7.5	2.1
2010	60.8	136.5		10.4	2.8
2011	43.1	179.7		18	5.5
2012	42.2	197.8		21.4	6.6

资料来源：主要根据《中国住户调查年鉴》相关各年中的数据整理而来。

三　扩展线性支出系统（ELES）模型的检验

根据《中国统计年鉴》中 2002—2012 年中国农村居民五种收入分组家庭人均年纯收入和消费支出、交通通信数据（表6—8），运用扩展线性支出系统模型，以中国农村居民人均年纯收入为自变量，以交通通信等为因变量，借助统计软件 SPSS13.0 进行回归分析，各年回归方程的参数估计以及 t 检验值，如表6—9 所示。

表 6—8　　　　2002—2012 中国农村居民五等份交通通信支出　　　　单位：元

年份	项目	平均	低收入户	中低收入户	中等收入户	中高收入户	高收入户
2002	纯收入	2475.63	857.13	1547.53	2164.11	3030.45	5895.63
	交通通信	128.53	41.76	67.65	100.50	153.64	321.40
	总消费	1834.31	1006.35	1310.33	1645.04	2086.61	3500.08
2003	纯收入	2622.24	865.90	1606.53	2273.13	3206.79	6346.86
	交通通信	162.53	56.91	84.09	128.85	183.21	412.72
	总消费	1943.30	1064.76	1377.56	1732.74	2189.27	3755.57
2004	纯收入	2936.40	1006.87	1841.99	2578.49	3607.67	6930.65
	交通通信	192.63	74.00	109.30	153.49	217.61	469.55
	总消费	2184.65	1248.29	1580.99	1951.46	2459.55	4129.12

续表

年份	项目	平均	低收入户	中低收入户	中等收入户	中高收入户	高收入户
2005	纯收入	3254.93	1067.22	2018.31	2850.95	4003.33	7747.35
	交通通信	244.98	111.19	153.74	206.96	281.55	539.37
	总消费	2555.40	1548.30	1913.07	2327.69	2879.06	4593.05
2006	纯收入	3587.04	1182.46	2222.03	3148.50	4446.59	8474.79
	交通通信	288.76	129.13	178.42	243.26	348.00	626.46
	总消费	2829.02	1624.73	2039.13	2567.92	3230.35	5276.75
2007	纯收入	4140.36	1346.89	2581.75	3658.83	5129.78	9790.68
	交通通信	328.40	143.70	207.53	284.97	385.30	717.92
	总消费	3223.85	1850.59	2357.90	2938.47	3682.73	5994.43
2008	纯收入	4760.62	1499.81	2934.99	4203.12	5928.60	11290.20
	交通通信	360.18	168.35	224.25	302.35	410.75	806.13
	总消费	3660.68	2144.78	2652.77	3286.44	4191.25	6853.69
2009	纯收入	5153.17	1549.30	3110.10	4502.08	6467.56	12319.05
	交通通信	402.91	190.31	240.36	327.66	469.44	910.75
	总消费	3993.45	2354.92	2870.95	3546.04	4591.81	7485.71
2010	纯收入	5919.01	1869.80	3621.23	5221.66	7440.56	14049.69
	交通通信	461.10	208.64	281.12	372.32	525.49	1073.82
	总消费	4381.82	2535.35	3219.47	3963.80	5025.58	8190.38
2011	纯收入	6977.29	2000.51	4255.75	6207.68	8893.59	16783.06
	交通通信	547.03	292.01	354.67	476.11	634.05	1144.10
	总消费	5221.13	3312.59	3962.29	4817.91	6002.88	9149.57
2012	纯收入	7916.58	2316.21	4807.47	7041.03	10142.08	19008.89
	交通通信	652.79	360.26	412.69	546.92	732.45	1418.83
	总消费	5908.02	3742.25	4464.34	5430.32	6924.19	10275.30

资料来源：主要根据《中国统计年鉴》相关各年中的数据整理而来。

从回归估计的结果看，在 $\alpha = 0.1$ 的显著水平下，各类消费的回归方程均通过 F 检验，解释变量也均通过了 t 检验。并且各项 R^2 值都大于等于 0.980，这说明中国农村居民各年纯收入对交通通信消费支出高度相关，方程的拟合优度较高。同时，2002—2012 年交通通信消费支出方程的斜率均在 0 和 1 之间，符合模型中关于 0 < β_i < 1 的要求。所以说，本书使用 ELES 模型对中国农村居民交通通信消费进行分析是完全可行的。根据前面所计算的各年中国农村居民交通通信消费支出的参数值，可以估算出 2002—2012 年中国农村居民交通通信的边际预算份额、需求收入弹性和基本需求支出，结果见表 6—10。

表 6—9　　2002—2012 中国农村居民交通通信 ELES 模型参数估计值

年份	项目	α_i	β_i	R^2	$t\alpha_i$	$t\beta_i$	F	$D-W$
2002	交通通信	-16.113	0.057	0.997	-2.740	31.035	963.198	1.458
	总消费	565.188	0.498	1.000	37.464	106.238	11286.613	2.617
2003	交通通信	-17.012	0.066	0.993	-1.549	20.812	433.141	1.753
	总消费	609.188	0.494	1.000	33.560	93.669	8773.849	2.442
2004	交通通信	-13.087	0.068	0.992	-0.988	19.568	382.916	1.531
	总消费	703.685	0.490	0.999	22.501	59.710	3565.269	1.725
2005	交通通信	27.548	0.065	0.997	3.073	30.800	948.661	1.553
	总消费	1023.554	0.460	0.999	40.159	76.380	5833.859	2.344
2006	交通通信	33.465	0.070	0.997	3.558	34.434	1185.718	1.897
	总消费	973.776	0.508	0.999	25.599	61.878	3828.832	2.516
2007	交通通信	37.297	0.069	0.998	4.344	43.133	1860.436	1.798
	总消费	1133.144	0.497	0.999	31.695	74.427	5539.305	2.536
2008	交通通信	37.390	0.067	0.992	1.772	19.552	382.290	1.544
	总消费	1293.68	0.490	0.998	17.366	40.638	1651.470	1.721
2009	交通通信	41.244	0.069	0.990	1.543	17.388	302.352	1.456
	总消费	1450.383	0.487	0.997	15.217	34.313	1177.379	1.652
2010	交通通信	23.357	0.073	0.988	0.654	15.708	246.738	1.434
	总消费	1566.038	0.469	0.999	26.889	62.030	3847.686	1.539
2011	交通通信	126.455	0.059	0.991	4.306	18.593	345.694	1.698
	总消费	2378.94	0.402	0.998	25.945	40.298	1623.908	2.128
2012	交通通信	123.758	0.066	0.980	2.184	12.102	146.451	1.583
	总消费	2703.491	0.400	0.997	21.251	32.730	1071.277	2.442

表6—10   农村居民交通通信边际预算份额、需求收入弹性和基本需求

年份	边际消费倾向 β_i	边际预算份额 b_i	需求收入弹性 η_i	P_iX_i 基本需求支出
2002	0.057	0.114	1.129	48.04
2003	0.066	0.134	1.109	62.45
2004	0.068	0.139	1.070	80.74
2005	0.065	0.141	0.885	150.75
2006	0.070	0.138	0.882	172.01
2007	0.069	0.139	0.885	192.74
2008	0.067	0.137	0.895	207.34
2009	0.069	0.142	0.896	236.33
2010	0.073	0.156	0.949	238.650
2011	0.059	0.147	0.765	361.17
2012	0.066	0.165	0.808	421.142

四   中国农村居民交通通信消费需求实证分析

（一）边际消费倾向和边际预算份额分析

中国农村居民交通通信边际消费倾向是指农村居民增加的交通通信消费与增加的纯收入之比率，它反映了中国农村居民对交通通信消费的偏好及其新增购买力的投向。自2002年以来，中国农村居民交通通信边际消费倾向除了在2002年位居第四位外，其他10年都居于第三位，即居于食品、居住之后，文教娱乐、衣着、医疗保健、家庭设备及用品、其他之前，这说明随着市场经济的快速发展，农民的生活方式也发生了改变，外出务工经商频繁，交通通信投入费用也随之增长，在增加的收入中用于增加交通通信的费用较多。中国农村居民交通通信边际消费倾向在2010年之前呈上升趋势，在2010年达到最高点，为0.073。在2010年之后又呈U型，即随着中国农村居民纯收入的提高，增加的交通通信费用在增加的纯收入中的比重呈现上升趋势。

根据公式 $b_i = \beta_i / \sum \beta_i$ 可以计算出近几年来中国农村居民交通通信消费支出的边际预算份额。交通通信的边际预算份额从2002年到2003年有

大幅增长，后来就一直稳定在 0.139 左右，自 2007 年以来又呈上升趋势，说明农村居民对交通通信的理性认识。即随着新农村建设的扎实稳步推进，农村交通通信基础设施的逐步完善，交通通信将是农村居民未来的消费热点之一。

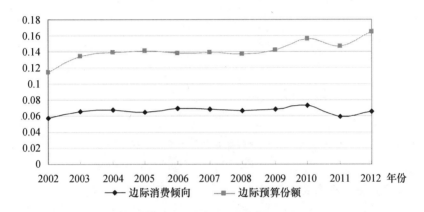

图 6—3　中国农村居民交通通信边际消费倾向和边际预算份额

（二）需求收入弹性分析

交通通信需求收入弹性表示在一定时期内中国农村居民对交通通信需求量的变动对于中国农村居民纯收入量变动的反应程度。η_i 表示弹性，根据公式 $\eta_i = \beta_i Y / V_i$ 和已知数据可求出中国农村居民交通通信消费需求收入弹性，详情再见表 6—10。如前面表 1—25 所示，这 11 年间中国农村居民交通通信需求收入弹性都位居第一，并且 2002—2004 年三个年份均大于 1。按照经济学原理，收入弹性大于 1 的商品属于奢侈品，收入弹性大于 0 小于 1 时属于必需品，但是交通通信收入弹性不能单纯用这种方法来划分。因为人们对交通通信消费的一部分是通过政府的公共设施比如公共交通得到满足的，所以，农村居民交通通信弹性大于 1 说明中国农村居民在收入增长的情况下，越来越重视交通通信消费，对其有强烈的消费欲望。同时，这也对国家提供的交通通信基础设施提出了更高的要求。如图 6—4 所示，中国农村居民交通通信需求收入弹性自 2010 年以来呈 "U" 型，说明随着农村居民收入的提高和生活节奏的加快，农村居民今后对交通通信的消费还会增加。

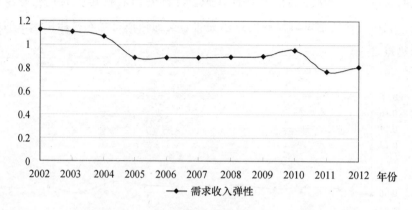

图6—4   中国农村居民交通通信需求收入弹性

(三）基本需求支出分析

近几年中国农村居民交通通信基本需求支出总额呈增长趋势，可详见表6—11。同时，近几年中国农村居民实际的交通通信消费支出都远远高于基本需求支出，说明中国农村居民交通通信的基本需求得到了充分满足。但从五种收入分组来看，2002—2010年中国农村居民交通通信的基本需求支出都高于低收入户，低于中低收入户，说明这9年虽然中国农村居民生活水平在提升，但仍然有一部分农村居民，即低收入户的交通通信支出还没达到基本需求支出，生活贫困，需要社会救济。2011—2012年中国农村居民交通通信基本需求不但高于低收入户，也高于中低收入户，低于中等收入户，说明这两年间中国农村不但低收入户没满足交通通信基本需求，中低收入户也没满足交通通信基本需求，低收入户群体在交通通信方面的基本需求还没有得到满足，保障低收入户群体基本生活包括交通通信基本需求的任务还比较沉重。也说明中国农村居民在交通通信消费方面的差距进一步拉大。2012年中国农村高收入户的交通通信支出是低收入户的3.94倍。

如图6—5所示，自2002年以来，中国农村居民交通通信基本需求占平均交通通信消费支出比重呈折线式上升趋势，从2002年的37.38%上升到 2012 年的 64.51%。说明中国农村居民交通通信支出的一半以上是用于满足交通通信基本需求支出，农村居民交通通信消费的质量要进一步提高。

表 6—11　　中国农村居民交通通信平均消费支出、基本需求支出　　单位：元

年份	基本需求	平均交通通信支出	基本需求占平均消费比重（%）	低收入户	中低收入户	中等收入户	中高收入户	高收入户
2002	48.04	128.53	37.38	41.76	67.65	100.50	153.64	321.40
2003	62.45	162.53	38.42	56.91	84.09	128.85	183.21	412.72
2004	80.74	192.63	41.91	74.00	109.30	153.49	217.61	469.55
2005	150.75	244.98	61.54	111.19	153.74	206.96	281.55	539.37
2006	172.01	288.76	59.57	129.13	178.42	243.26	348.00	626.46
2007	192.74	328.40	58.69	143.70	207.53	284.97	385.30	717.92
2008	207.34	360.18	57.57	168.35	224.25	302.35	410.75	806.13
2009	236.33	402.91	58.66	190.31	240.36	327.66	469.44	910.75
2010	238.650	461.10	51.76	208.64	281.12	372.32	525.49	1073.82
2011	361.17	547.03	66.02	292.01	354.67	476.11	634.05	1144.10
2012	421.142	652.79	64.51	360.26	412.69	546.92	732.45	1418.83

资料来源：主要根据《中国统计年鉴》相关各年中的数据整理而来。

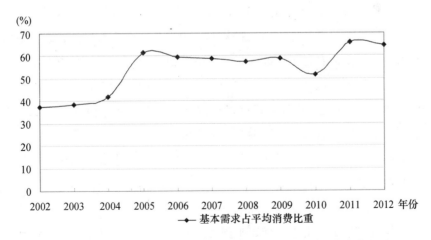

图 6—5　中国农村居民交通通信基本需求支出占平均消费支出比重

五　结论与建议

通过以上分析，笔者得出以下结论：

第一，中国农村居民交通通信消费支出与农村居民家庭人均年纯收入存在显著的正相关关系。

第二，近几年中国农村居民交通通信的边际消费倾向居第三位，交通通信将是农村居民未来的消费热点之一。

第三，中国农村居民交通通信的需求收入弹性在这 11 年间一直稳居第一位，自 2010 年以来呈 U 型，说明农村居民对交通通信的潜在需求巨大。

第四，中国农村低收入户交通通信的基本需求没有得到满足，这必然会抑制农村居民交通通信消费的增加。

根据以上结论，笔者提出以下建议：

第一，提高农村居民收入。如上结论，农村居民交通通信消费需求取决于农村居民家庭的收入水平，收入是交通通信消费之源，收入水平越高，交通通信消费需求就越多。当前，由于收入的约束，使中国大多数农村居民消费只局限于一些低层次的消费品，对交通通信的消费水平还比较低，比如除了一些发达地区的农村外，家用汽车还处于未启动状态。中国政府近几年在促进农村居民收入增长方面不遗余力，已有成效，今后要继续在增加农村居民收入方面狠下功夫。要在农业中推广先进技术，改变"靠天吃饭"的状况，提高农产品的科技含量，增加农民收入。当然，中国学者对提高农民收入的研究颇多，提高农民收入的方法非此一种，在此不再赘述。总之，只有农村居民收入提高了，才能促进农村居民交通通信消费的增长。

第二，结合新农村建设，加强农村交通通信基础设施建设，改善消费环境。与城市相比，由于长期以来国家对农村交通通信基础设施建设投入不足，农村交通通信基础设施仍显薄弱。道路建设的不完善，使得一些适合农村居民需要的生产、生活两用型交通工具在农村无用武之地。通信设施如网络的滞后，使电脑和互联网在农村的需求还不够旺盛。如果没有交通通信基础设施的"皮"，交通通信消费需求这"毛"将焉附？当前，要借助新农村建设的契机，加大对农村交通通信基础设施的投入。一方面，要加大对农村交通基础设施的投入。政府要充分动员地方农民、企业、银行等单位主体加强农村交通基础设施建设。另一方面，要改善农村通信条件，加快农村邮政和网络基础设施建设。网络在中国一些发达地区的农村还比较完善，但在中国一些落后的农村地区还没有电脑，只在乡政府所在地有公共网吧。所以，要加大对网络的投资，使农村居民能享受科技信息产业的成果，掌握瞬息万变的市场信息，更好地参与到市场经济的大潮中去。总之，通过农村交通通信基础设施的发展，会促使农村居民潜在的交通通信消费需求向现实需求的转变，促进农村居民交通通信消费的增长。

第三，大力发展交通通信业。交通通信与教育、住房和医疗等消费升级热点相比较，不确定性较低，有较稳定的快速增长趋势。因此，要在农村大力发展交通通信业，培育和维护交通通信消费的主力地位，实现农村经济的发展。就交通通信行业的发展而言，不能对全国所有的农村地区一刀切，要因地制宜。如在落后的农村要提供摩托车、安装公用电话，在发达的农村提供经济实用型的货客两用小汽车，以适应一些农村居民进行农产品买卖的需要。同时，要大量提供轻便、实用、便宜的电动车，相信随着农村交通通信基础设施的进一步完善，时尚的电动车必然会成为农村一道美丽的风景。与此同时，在全国完善农村交通通信服务和维修网点，加强售后服务，提高服务质量，解决农民的后顾之忧。

第四，农村居民要转变观念，提高交通通信消费。2012年中国农村居民吃、住两大类消费占生活消费支出的57.7%，消费层次较低，这不排除是由于农村居民的低收入所造成的，但当前大多数农村居民落后的消费观念也是主因。多数农村居民没有认识到交通通信在了解市场信息、学习农业科技、增加就业机会方面的重要作用，故不会将大量的收入投入到交通通信消费中来，这在一定程度上影响了交通通信消费的增长。所以，要通过宣传等方法让农村居民树立正确、合理的交通通信消费观念，让农村居民认识到交通通信在农业增产、增加收入等方面的重要作用。也要有意识地进行消费素质的培养，比如开展"电脑进农村"活动，辅之以电脑使用和上网培训，使农村居民认识到高科技的魅力，调动农村居民购买电脑的积极性。也要使农村居民充分认识到其他交通通信工具的优势，以拉动交通通信消费支出的增长。

第五，在农村推广交通通信消费信贷。当前，由于农村居民居住分散，且对消费信贷方面了解不多，而银行为了资金的安全性也不敢在农村大量发放贷款，导致农村的消费信贷品种少，主要是助学贷款、购房贷款，且手续繁杂。这样，一些农村居民为了购买交通通信产品如农用汽车、经营性运输车辆就只能通过攒钱的方式来解决，因此而抑制了交通通信消费的增长。当前，为了促进农村交通通信消费，要在农村发展交通通信消费信贷。首先，要普及消费信贷知识，使农村居民认识到消费信贷的优点，逐步改变落后的消费观念；其次，要简化消费信贷手续，适当降低消费信贷的门槛，增加消费信贷品种，对于农村居民购买电脑、两用型汽车，要发放消费信贷。要让农民能够利用消费信贷享受新的消费形式，充分挖掘农村居民的消费潜力。我们相信，随着消费信贷的完善，电脑、适用型汽车必将会在农村掀起新一轮热潮。

第七章　中国农村居民文教娱乐用品及服务消费需求实证分析[*]

文教娱乐用品及服务支出是指中国城乡居民用于文化、教育、娱乐方面的支出，包括文化教育娱乐用品支出和文化教育娱乐服务支出，即各类教育费用、文化娱乐费用、书报费等。文教娱乐消费水平是一个国家人民生活水平高低的重要标志，其对提高整个国民素质，促进经济发展起着巨大的推动作用。一般来说，一个国家经济越发达，用于文教娱乐方面的支出越多。

一　问题的提出

文教娱乐消费作为一个国家经济发展需要不可或缺的部分，西方对其研究的理论较多。中国是以省份为单元的消费结构，关于对全国农村、城镇居民消费结构进行研究的颇多，在这些研究中，会提及文教娱乐消费的情况，但专门把文教娱乐消费作为研究对象进行研究的文章甚少。鲁婧颉于 2010 年说明了 1978 年到 2007 年中国城乡文教娱乐的增长情况，并利用 ELES 模型对 1991—2007 年中国城乡居民文教娱乐总体的边际消费倾向和收入弹性进行了实证分析。① 王铁桩、王涛于 2005 年运用多个模型对云南城镇居民的消费结构进行了实证分析，并着重探讨了文教娱乐消费

---

* 本章节内容发表在《兰州学刊》2010 年第 12 期，在本书中作了修改。
① 鲁婧颉：《转型时期居民文教娱乐消费的收入弹性分析》，《产业经济评论》2010 年第 1 期。

的影响因素。① 张蕊、田澎于 2005 年运用 ELES 模型对城镇居民边际消费倾向和需求收入弹性进行实证研究之后，认为娱乐教育边际消费倾向逐年增长，且其消费支出弹性小于 1。② 李高吉、陈南岳于 2009 年通过实证分析发现中国城镇高低收入层居民在文教娱乐消费支出方面呈现出边际消费递增的现象。③ 陈燕武、夏天于 2006 年通过运用面板数据模型对中国农村居民文教娱乐消费问题进行了分析，研究发现中国东部农村地区对文教娱乐消费存在消费一致性的现象，而收入因素是最为重要的影响消费的因素。而与之相反的是中国中西部地区各省际在农村居民文教娱乐消费问题上存在巨大的个体差异性，传统的消费影响因素对消费问题并未起到显著影响，而一些特定性因素如一段时间内的地方性政策或个人偏好等起到关键作用。对比中部与西部这些特定影响因素的差异程度，我们还可以发现，中国区域经济政策在中西部农村居民文教娱乐消费问题上造成巨大影响。④ 占绍文、杜晓芬于 2014 年为了提高农民工在城镇化进程中的文化消费水平，采用问卷调查法与访谈法及定性分析与定量分析相结合的方式，建立了农民工文化消费需求及其影响因素多元回归模型，并进行了相关数理分析，在结论的基础上提出了对策建议，指出要解决农民工文化消费水平普遍偏低的问题，必须加强农民工自身的城市文化认同、提高其收入、减轻其劳动强度等。⑤ 党的十八届三中全会通过的《中共中央关于全面深化改革若干重大问题的决定》，指出要 "推进文化体制机制创新，建设社会主义文化强国，增强国家文化软实力"。政府在 2014 年 3 月的工作报告中提出要 "把消费作为扩大内需的主要着力点。通过增加居民收入提高消费能力，完善消费政策，培育消费热点。要扩大服务消费，支持社

---

① 王铁桩、王涛：《云南省城镇居民娱乐文教消费需求的实证研究》，《云南民族大学学报》（自然科学版）2005 年第 7 期。

② 张蕊、田澎：《中国城镇居民 10 年消费结构变化实证研究》，《上海理工大学学报》2005 年第 4 期。

③ 李高吉、陈南岳：《我国城乡及城镇内部高低收入层居民文教娱乐消费支出比较研究》，《消费导刊》2009 年第 1 期。

④ 陈燕武、夏天：《中国农村居民文教娱乐消费区域性差异分析——基于中国省际面板数据的研究》，《经济问题探索》2006 年第 9 期。

⑤ 占绍文、杜晓芬：《农民工文化消费现状调查》，《城市问题》2014 年第 5 期。

会力量兴办各类服务机构，重点发展养老、健康、旅游、文化等服务，落实带薪休假制度"。"文化是民族的血脉。要培育和践行社会主义核心价值观，加强公民道德和精神文明建设。继续深化文化体制改革，完善文化经济政策，增强文化整体实力和竞争力。促进基本公共文化服务标准化均等化，发展文化艺术、新闻出版、广播电影电视、档案等事业，繁荣发展哲学社会科学，倡导全民阅读。""消费者的消费能力，在很大程度上取决于消费者的素质高低，特别是科学文化水平。"[①]中国农村居民文教娱乐消费支出的提高，有利于增强中国农村居民的文化水平、科学技术水平、技术熟练程度，提高中国国民的素质，而且会大大提高消费力，促进中国经济的发展。所以，研究农村居民文教娱乐消费状况，得出结论并提出建议，对于促进中国农村经济又好又快发展乃至全国经济平稳较快发展都具有重要意义。

二　中国农村居民文教娱乐用品及服务消费现状

自 1980 年以来，随着中国农村居民家庭人均年纯收入的不断提高，人均年消费支出从 1980 年的 162.2 元增加到 2012 年的 5908.02 元。农村居民物质生活的丰富带来了精神生活的日趋繁荣。如表 7—1 所示，从 1980 年的人均年文教娱乐用品及服务支出 8.3 元增加到 2012 年的 445.5 元，增长了 52.6 倍。从文教娱乐占纯收入比重来看，1983—2005 年间，虽然在某些年份有所反复，但整体上中国农村居民文教娱乐占纯收入比重呈上升趋势，从 1983 年的 1.84% 上升到 2005 年的 9.08%，此后不断下降，2012 年降为 1993 年以来的最低点，为 5.63%，这反映出普及九年义务教育"两免一补"和"一费制"成效突出，农村居民用于教育的费用不断下降，减轻了农民负担。

---

① 尹世杰：《解决消费力，发展消费力》，《消费经济》1992 年第 2 期。

表 7—1   中国农村居民文教娱乐支出情况   单位：元/人

年份	纯收入	消费	文教娱乐消费支出	文教娱乐占纯收入比重（%）	文教娱乐占消费比重（%）
1980	191.3	162.2	8.3	4.34	5.12
1981	223.4	190.8	10.1	4.52	5.29
1982	270.1	220.2	7.5	2.78	3.41
1983	309.8	248.3	5.7	1.84	2.30
1984	355.3	273.8	8.2	2.31	2.99
1985	397.6	317.4	12.4	3.12	3.91
1986	423.8	357	14.4	3.40	4.03
1987	462.6	398.3	18.5	4.00	4.64
1988	544.9	476.7	25.7	4.72	5.39
1989	601.5	535.4	30.6	5.09	5.72
1990	686.31	584.6	31.4	4.58	5.37
1991	708.6	619.8	36.4	5.14	5.87
1992	784.0	659.0	43.8	5.59	6.65
1993	921.6	769.7	58.4	6.34	7.59
1994	1221.0	1016.8	75.1	6.15	7.39
1995	1577.7	1310.6	102.4	6.49	7.81
1996	1926.1	1572.1	132.5	6.88	8.43
1997	2090.1	1617.2	148.2	7.09	9.16
1998	2162.0	1590.3	159.4	7.37	10.02
1999	2210.3	1577.4	168.3	7.61	10.67
2000	2253.42	1670.1	186.7	8.29	11.18
2001	2366.4	1741.1	192.6	8.14	11.06
2002	2475.6	1834.3	210.31	8.50	11.47
2003	2622.2	1943.3	235.68	8.99	12.13
2004	2936.4	2184.7	247.63	8.43	11.33
2005	3254.93	2555.4	295.48	9.08	11.56
2006	3587.0	2829.0	305.13	8.51	10.79
2007	4140.4	3223.9	305.66	7.38	9.48
2008	4760.6	3660.7	314.53	6.61	8.59
2009	5153.2	3993.5	340.6	6.61	8.53
2010	5919.01	4381.8	366.7	6.20	8.37
2011	6977.29	5221.1	396.4	5.68	7.59
2012	7916.58	5908.02	445.5	5.63	7.54

资料来源：主要根据《中国统计年鉴》相关各年中的数据整理而来。

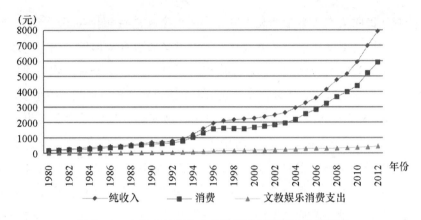

图 7—1 中国农村居民文教娱乐用品及服务消费需求

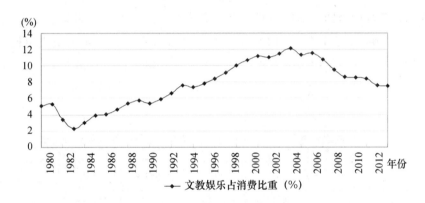

图 7—2 中国农村居民文教娱乐用品及服务支出占消费比重

居民文教娱乐用品及服务支出占家庭消费支出比重是反映居民生活质量甚至生活方式变化的一个重要指标，该指标间接反映了社会的文化教育普及和提高程度。如前所述，近几年，中国农村居民消费层次发生了重大变化，由吃、住、文、交、穿、医、用的顺序，向吃、住、交、文、医、穿、用转变。1993—2006 年，中国农村居民文教娱乐用品及服务比重居于食品和居住之后，连续 14 年稳居第三位，但在 2007—2010 年，交通通信跃居第三位，文教娱乐退居第四位。2011—2012 年，医疗保健位居第四位，文教娱乐退居第五位。由于居民家庭消费支出分八大类，近年来农村居民消费热点主要集中在居住、交通通信等方面，出现了此消彼长的情况。比如农村居民购买汽车数量明显上升，一下把家庭消费额拉高了。同时，党和政府始终高度重视农村义务教育，将农村义务教育全面纳入国家财政保障范围，通过专项资金投入，逐步改善乡村学校的办学条件，农村居民在教育方面的支出减少，所以，文教娱乐占家庭消费的比重也相对缩小了。

如表7—2所示，从中国五等份农村居民家庭文教娱乐消费支出比例来看，在2011年以前，中国农村中等收入户家庭文教娱乐消费支出比例接近全国平均水平，但自2011年以来，中国农村中等收入户家庭文教娱乐消费支出比例远远低于全国平均水平，说明中国农村居民家庭不同收入户在文教娱乐消费方面的差距加大。在整体上，中国农村居民家庭文教娱乐消费支出比重随着收入等份的提高呈上升趋势，如2002年中国农村高收入户文教娱乐四方面的消费支出比重分别比低收入户高出2.24、0.81、0.16、0.08个百分点。2012年中国农村高收入户文教娱乐消费支出比重分别比低收入户、中等偏下户、中等收入户、中等偏上户高2.79、2.35、1.82、1.24个百分点。

表7—2　　按收入五等份农村居民家庭文教娱乐用品及服务消费支出比重

指标	总平均（%）	低收入户（20%）	中等偏下户（20%）	中等收入户（20%）	中等偏上户（20%）	高收入户（20%）
2002	11.47	9.67	11.10	11.75	11.83	11.91
2003	12.13	10.33	11.71	12.60	12.64	12.39
2004	11.33	9.86	10.61	11.28	11.88	11.93
2005	11.56	10.04	10.95	11.26	11.99	12.44
2006	10.79	11.53	11.50	10.63	9.91	9.01
2007	9.48	7.83	8.36	8.96	9.64	10.92
2008	8.59	6.85	7.33	8.43	9.15	9.66
2009	8.53	6.63	7.33	8.35	9.06	9.65
2010	8.37	6.51	7.30	8.02	8.88	9.55
2011	7.59	6.11	6.74	7.15	7.85	8.91
2012	7.54	6.15	6.59	7.12	7.70	8.94

资料来源：主要根据《中国统计年鉴》相关各年中的数据整理而来。

　　如表7—3所示，从四大区域来看，2012年中国农村居民家庭文教娱乐消费支出呈现由东向西递减的趋势，中国东部地区农村居民文教娱乐消费支出最多，其次是东北地区，再次是中部地区，西部地区最少。从四大区域文教娱乐消费支出比重来看，也呈现由东向西递减趋势，东北地区农村居民家庭文教娱乐消费支出比重最大，为9.35%，其次是东部地区，达到8.42%，再次是中部地区，为7.05%，西部地区农村居民家庭文教娱乐消费支出比重最低，只有6.38%。

表7—3　　按区域分的农村居民家庭文教娱乐消费支出情况（2012年）

项目	东部地区	中部地区	西部地区	东北地区
消费支出（元/人）	7682.97	5469.00	4798.36	5941.18
文教娱乐（元/人）	647.13	385.58	306.26	555.61
文教娱乐支出比重（%）	8.42	7.05	6.38	9.35

　　资料来源：主要根据《中国统计年鉴》相关各年中的数据整理而来。

　　如表7—4所示，从各省市（自治区）农村居民文教娱乐消费支出比重来看，华南地区农村居民文教娱乐消费支出比重最低，在5.48%左右，华中地区在6.83%左右。西南、西北大部分省市在5%—9%之间，其中的西藏最低，只有1.38%。华东、华北大部分省份在6%—10%之间，其中的江苏省农村居民文教娱乐消费支出比例最高，为12.96%。东北地区农村居民文教娱乐消费支出比重都在9.3%左右。

表7—4　　2012年各省市（自治区）农村居民文教娱乐消费支出比重比较

省份	消费支出（元/人）	文教娱乐支出（元/人）	文教娱乐支出比重（%）	省份	消费支出（元/人）	文教娱乐支出（元/人）	文教娱乐支出比重（%）
全国	5908.02	445.49	7.54	河南	5032.14	343.83	6.83
北京	11878.92	1152.67	9.70	湖北	5726.73	394.63	6.89
天津	8336.55	766.08	9.19	湖南	5870.12	400.22	6.82
河北	5364.14	358.49	6.68	广东	7458.56	466.63	6.26
山西	5566.19	498.02	8.95	广西	4933.58	270.24	5.48

续表

省份	消费支出（元/人）	文教娱乐支出（元/人）	文教娱乐支出比重（%）	省份	消费支出（元/人）	文教娱乐支出（元/人）	文教娱乐支出比重（%）
内蒙古	6381.97	513.97	8.05	海南	4776.30	253.97	5.32
辽宁	5998.39	556.56	9.28	重庆	5018.64	394.23	7.86
吉林	6186.17	606.26	9.80	四川	5366.71	329.29	6.14
黑龙江	5718.05	518.04	9.06	贵州	3901.71	226.44	5.80
上海	11971.50	952.10	7.95	云南	4561.33	289.22	6.34
江苏	9138.18	1184.18	12.96	西藏	2967.56	40.86	1.38
浙江	10652.73	902.23	8.47	陕西	5114.68	445.47	8.71
安徽	5555.99	385.92	6.95	甘肃	4146.24	327.30	7.89
福建	7401.92	565.83	7.64	青海	5338.91	283.28	5.31
江西	5129.47	342.70	6.68	宁夏	5351.36	373.36	6.98
山东	6775.95	500.98	7.39	新疆	5301.25	261.74	4.94

资料来源：主要根据《中国统计年鉴》相关各年中的数据整理而来。

　　从各省市来看，华南地区农村居民文教娱乐消费支出比重最低，在5.48%左右，华中地区在6.83%左右。西南、西北大部分省市在5%—9%之间，其中的西藏最低，只有1.38%。华东、华北大部分省份在6%—10%之间，其中的江苏省农村居民文教娱乐消费支出比例最高，为12.96%。东北地区农村居民文教娱乐消费支出比重都在9.3%左右。

　　2002年农村居民用于文教娱乐的学杂费支出人均为160.1元，比2001年增加14.9元，增长10.2%，学杂费支出增加额占农民生活消费支出增加额的16%。2004年农村居民文教娱乐消费支出中旅游支出人均4元，增加1.5元，增长56.3%；休闲娱乐支出人均3元，增加0.6元，增长22.2%。如表7—5所示，2012年中国农村居民文教娱乐中教育服务支出所占比重最大，为254元；其次是文教娱乐用品支出，为119元；文体娱乐服务支出最少，为73元，但其增长率最高，比2011年增长33.7%。

表7—5　　　　　　　　　中国农村居民文教娱乐分类支出　　　　　单位：元/人

年份	文教娱乐	增长率（同比%）	文教娱乐用品	增长率（同比%）	教育服务	增长率（同比%）	文体娱乐服务支出	增长率（同比%）
2009	341	8.3	43	15.9	151	持平	34	28.6
2010	367	7.7	49	13.5	149	-1.9	43	24.1
2012	445	12.4	119	7.2	254	9.9	73	33.7

资料来源：主要根据《中国农村住户调查年鉴》、《中国住户调查年鉴》相关各年中的数据整理而来。

就文教娱乐用品及服务的内容来看，农村文化、休闲、娱乐极为单调，质量较低，以做家务和购物为主要内容。农民大部分休闲时间用来吃喝、打牌、休息，此外还有一些不利于身心健康的闲暇消费内容和消费方式。随着电视普及率的大幅度提高，看电视成为许多农村居民闲暇消费的主要方式（表7—6），彩色电视机在农村受到了欢迎，从1985年底平均每百户0.8台上升到2012年底的116.9台。同时，农村居民外出旅游增加，拥有旅游的随身设备也呈稳步增加的趋势，主要表现为，照相机从1998年底平均每百户2.2台上升到2012年底的5.2台。互联网也开始进入农村居民家庭，家用计算机拥有数量迅速提高，从2000年底的平均每百户0.5台上升到2012年底的21.4台。与此相反，中国农村居民对黑白电视机、录放像机等的绝对消费量呈下降趋势，黑白电视机从1980年的平均每百户0.4台上升到1996、1997年的65.1台后不断下降，2012年下降为1.4台。录放像机从2002年底平均每百户3.32台下降到2006年底的2.97台，收录机从2002年底平均每百户20.41台下降到2006年底的10.28台。

表7—6　　　**农村居民家庭年底平均每百户主要耐用消费品拥有量**　　　单位（台）

年份	1981	1982	1983	1984	1985	1986	1987	1988
黑白电视机	0.9	1.7	4	7.2	10.9	15.8	22	28.6
彩色电视机	—	—	—	—	0.8	1.5	2.3	2.8

续表

年份	1989	1990	1991	1992	1993	1994	1995	1996
黑白电视机	33.9	39.7	47.5	52.4	58.3	61.8	63.8	65.1
彩色电视机	3.6	4.7	6.4	8.1	10.9	13.5	16.9	22.9
年份	1997	1998	1999	2000	2001	2002	2003	2004
黑白电视机	65.1	63.6	62.4	53	50.7	48.14	42.80	37.92
彩色电视机	27.3	32.6	38.2	48.7	54.4	60.5	67.80	75.09
照相机	—	2.2	2.7	3.1	3.2	3.3	3.4	3.7
计算机	—	—	—	0.5	0.7	1.10	1.42	1.90
年份	2005	2006	2007	2008	2009	2010	2011	2012
黑白电视机	21.8	17.5	12.1	9.9	7.7	6.4	1.7	1.4
彩色电视机	84 1	89.4	94.4	99.2	108.9	111.8	115.5	116.9
照相机	4.1	4.2	4.3	4.4	4.8	5.2	4.5	5.2
计算机	2.10	2.73	3.7	5.4	7.5	10.4	18	21.4

资料来源：主要根据《中国住户调查年鉴》相关各年中的数据整理而来。

三　扩展线性支出系统(ELES)模型的检验

根据《中国统计年鉴》中 2002—2012 年中国农村居民五种收入分组家庭人均纯收入和文教娱乐消费支出结构的数据（表 7—7），运用扩展线性支出系统模型，以中国农村居民人均年纯收入为自变量，以文教娱乐消费支出为因变量，借助统计软件 SPSS13.0 进行回归分析，各年回归方程的参数估计以及 t 检验值，如表 7—8 所示。

表 7—7　　　　中国农村五等份文教娱乐用品及服务消费支出　　　单位：元

年份	项目	平均	低收入户	中低收入户	中等收入户	中高收入户	高收入户
2002	纯收入	2475.63	857.13	1547.53	2164.11	3030.45	5895.63
	文教娱乐	210.31	97.36	145.50	193.28	246.81	416.88
	总消费	1834.31	1006.35	1310.33	1645.04	2086.61	3500.08
2003	纯收入	2622.24	865.90	1606.53	2273.13	3206.79	6346.86
	文教娱乐	235.68	109.94	161.37	218.34	276.81	465.45
	总消费	1943.30	1064.76	1377.56	1732.74	2189.27	3755.57

续表

年份	项目	平均	低收入户	中低收入户	中等收入户	中高收入户	高收入户
2004	纯收入	2936.40	1006.87	1841.99	2578.49	3607.67	6930.65
	文教娱乐	247.63	123.12	167.73	220.05	292.14	492.68
	总消费	2184.65	1248.29	1580.99	1951.46	2459.55	4129.12
2005	纯收入	3254.93	1067.22	2018.31	2850.95	4003.33	7747.35
	文教娱乐	295.48	155.49	209.39	262.18	345.17	571.45
	总消费	2555.40	1548.30	1913.07	2327.69	2879.06	4593.05
2006	纯收入	3587.04	1182.46	2222.03	3148.50	4446.59	8474.79
	文教娱乐	305.13	146.44	202.08	272.89	371.64	608.64
	总消费	2829.02	1624.73	2039.13	2567.92	3230.35	5276.75
2007	纯收入	4140.36	1346.89	2581.75	3658.83	5129.78	9790.68
	文教娱乐	305.66	144.92	197.16	263.34	354.97	654.56
	总消费	3223.85	1850.59	2357.90	2938.47	3682.73	5994.43
2008	纯收入	4760.62	1499.81	2934.99	4203.12	5928.60	11290.20
	文教娱乐	314.53	147.00	194.58	277.07	383.47	662.17
	总消费	3660.68	2144.78	2652.77	3286.44	4191.25	6853.69
2009	纯收入	5153.17	1549.30	3110.10	4502.08	6467.56	12319.05
	文教娱乐	340.56	156.03	210.47	296.09	416.04	722.31
	总消费	3993.45	2354.92	2870.95	3546.04	4591.81	7485.71
2010	纯收入	5919.01	1869.80	3621.23	5221.66	7440.56	14049.69
	文教娱乐	366.72	164.96	235.15	318.05	446.1	782.23
	总消费	4381.82	2535.35	3219.47	3963.80	5025.58	8190.38
2011	纯收入	6977.29	2000.51	4255.75	6207.68	8893.59	16783.06
	文教娱乐	396.36	202.32	267.20	344.33	471.52	815.67
	总消费	5221.13	3312.59	3962.29	4817.91	6002.88	9149.57
2012	纯收入	7916.58	2316.21	4807.47	7041.03	10142.08	19008.89
	文教娱乐	445.49	197.38	250.08	319.07	406.68	618.40
	总消费	5908.02	3742.25	4464.34	5430.32	6924.19	10275.30

资料来源：主要根据《中国统计年鉴》相关各年中的数据整理而来。

表 7—8　　　　2002—2012 中国农村居民文教娱乐用品及服务 ELES 模型参数估计值

年份	项目	α_i	β_i	R^2	$t\alpha_i$	$t\beta_i$	F	D-W
2002	文教娱乐	50.241	0.063	0.998	8.608	34.665	1201.670	1.364
	总消费	565.188	0.498	1.000	37.464	106.238	11286.613	2.617
2003	文教娱乐	62.314	0.064	0.996	8.095	28.737	825.826	1.448
	总消费	609.188	0.494	1.000	33.560	93.669	8773.849	2.442
2004	文教娱乐	57.880	0.063	0.999	12.536	51.839	2687.317	2.463
	总消费	703.685	0.490	0.999	22.501	59.710	3565.269	1.725
2005	文教娱乐	86.582	0.063	0.999	19.884	61.012	3722.417	2.643
	总消费	1023.554	0.460	0.999	40.159	76.380	5833.859	2.344
2006	文教娱乐	70.324	0.064	0.997	7.387	31.315	980.600	2.368
	总消费	973.776	0.508	0.999	25.599	61.878	3828.832	2.516
2007	文教娱乐	46.113	0.062	0.997	4.538	32.484	1055.234	1.590
	总消费	1133.144	0.497	0.999	31.695	74.427	5539.305	2.536
2008	文教娱乐	53.821	0.054	0.997	4.792	29.704	882.351	2.425
	总消费	1293.68	0.490	0.998	17.366	40.638	1651.470	1.721
2009	文教娱乐	59.365	0.054	0.997	5.464	33.296	1108.644	2.313
	总消费	1450.383	0.487	0.997	15.217	34.313	1177.379	1.652
2010	文教娱乐	57.722	0.051	0.999	7.039	48.355	2338.217	2.001
	总消费	1566.038	0.469	0.999	26.889	62.030	3847.686	1.539
2011	文教娱乐	96.589	0.042	0.996	7.210	29.075	845.354	1.494
	总消费	2378.94	0.402	0.998	25.945	40.298	1623.908	2.128
2012	文教娱乐	105.787	0.042	0.996	6.328	26.383	696.054	1.595
	总消费	2703.491	0.400	0.997	21.251	32.730	1071.277	2.442

　　从回归估计的结果看，在 $\alpha = 0.1$ 的显著水平下，各类消费的回归方程均通过 F 检验，解释变量也均通过了 t 检验。并且，各项 R^2 值都在 0.995 以上，这说明中国农村居民各年纯收入对文教娱乐消费支出高度相关，方程的拟合优度较高。同时，2002—2012 年各项消费支出方程的斜率均在 0 和 1 之间，符合模型中关于 $0 < \beta_i < 1$ 的要求。所以说，本书使用 ELES 模型对中国农村居民文教娱乐消费支出进行分析是完全可行的。根据前面所计算的各年各项目的参数值，可以估算出 2002—2012 年农村

居民文教娱乐的边际预算份额、需求收入弹性和基本需求支出，结果见表7—9。

表7—9　　农村居民文教娱乐边际预算份额、需求收入弹性和基本需求支出

年份	边际消费倾向 β_i	边际预算份额 b_i	需求收入弹性 η_i	P_iX_i 基本需求支出（元/人）
2002	0.063	0.127	0.756	121.15
2003	0.064	0.130	0.729	139.37
2004	0.063	0.129	0.762	144.81
2005	0.063	0.137	0.703	206.00
2006	0.064	0.126	0.766	196.99
2007	0.062	0.125	0.580	185.78
2008	0.054	0.110	0.827	190.80
2009	0.054	0.111	0.824	212.04
2010	0.051	0.109	0.839	208.13
2011	0.042	0.104	0.752	263.67
2012	0.042	0.105	0.759	295.03

四　中国农村居民文教娱乐消费需求实证分析

（一）边际消费倾向和边际预算份额分析

农村居民文教娱乐边际消费倾向是指增加的文教娱乐消费与增加的农村居民纯收入之比率，它反映了农村居民对文教娱乐消费的偏好及其新增购买力的投向。如前面表1—25所示，中国农村居民文教娱乐边际消费倾向在八大类消费结构中除了在2002年居第三位外，其他10年都居于食品、居住、交通通信之后，居第四位。由于中国教育体制的改革，使得除了义务教育阶段之外的教育成本不断增加，农村居民负担的教育费用逐年递增，这无疑会增加农村居民文教娱乐的边际消费倾向。同时，随着生活质量的提高，特别是在社会主义新农村建设过程中，精神文化生活的需求不断增加，学技术、学文化的意识逐渐增强，尤其在子女教育方面，舍得投资，注重文化教育，讲究文明生活的氛围已在广大农村日渐形成。

　　如图 7—3 所示，根据公式 $b_i - \beta_i \sum \beta_i$ 可以计算出中国农村居民文教娱乐边际预算份额，中国农村居民文教娱乐的边际预算份额从 2005 年以来均呈现降低的趋势，2012 年降为 0.105，虽然数值降低，但不影响农村居民对文教娱乐消费重要性的认识，文教娱乐用品及服务将是农村居民未来的消费热点之一，即农村居民在满足吃、住、行后即安排对文教娱乐用品方面的支出。

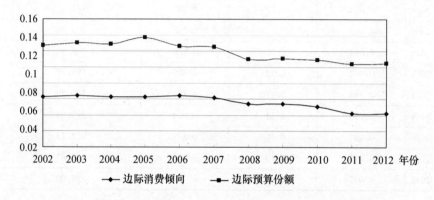

图 7—3　中国农村居民文教娱乐边际消费倾向和边际预算份额

（二）需求收入弹性分析

　　中国农村居民文教娱乐需求收入弹性表示在一定时期内中国农村居民对文教娱乐消费需求量的变动对于农村居民纯收入量变动的反应程度。η_i 表示弹性，根据公式 $\eta_i = \beta_i Y / V_i$ 和已知数据可求出中国农村居民文教娱乐需求收入弹性，详情见图 7—4。这 11 年间中国农村居民文教娱乐消费需求收入弹性在 2002—2006 年这五年间都位居第五，即在交通通信、居住、其他、设备用品之后。到了 2008 年，文教娱乐跃居第三位。2009—2012年，中国农村居民文教娱乐用品及服务消费都居第二位，仅居交通通信之后。这是可喜的变化，说明农村居民在纯收入增加后，在满足交通通信后，即开始满足文教娱乐消费，农村居民开始重视文教娱乐的消费。这也说明中国农村居民文教娱乐消费需求的变动对农村居民纯收入的变动敏感，农村居民纯收入较小的变动会引起文教娱乐较大程度的变动。

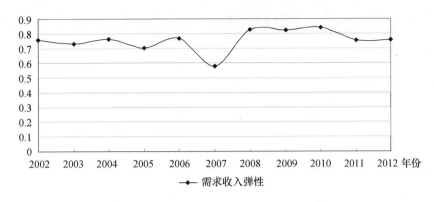

图7—4　中国农村居民文教娱乐需求收入弹性

（三）基本需求支出分析

从表7—10可以看出，近11年中国农村居民文教娱乐基本需求支出总额呈增长趋势，说明农村居民文教娱乐需求水平在不断提高。同时近几年中国农村居民实际的平均文教娱乐需求消费支出都远远高于基本需求支出，说明中国农村居民文教娱乐的基本需求得到了充分满足。但从农村居民五种收入分组来看，除了2009、2012年，中国农村居民文教娱乐的基本需求支出都高于低收入户，低于中等收入户，这说明虽然中国农村居民文教娱乐消费水平在提升，但仍然有一部分农村居民，即低收入户的文教娱乐实际消费支出还没达到基本需求支出，生活贫困，需要社会救济。2009、2012年中国农村居民文教娱乐基本需求支出不但高于低收入户，而且高于中低收入户，低于中等收入户，说明这两年中国农村居民不但低收入户，而且中低收入户的文教娱乐基本需求支出没有得到满足。中国农村居民在文教娱乐消费需求方面的差距进一步拉大。

如图7—5所示，从文教娱乐基本需求占实际消费支出比重来看，呈增长趋势，从2002年的57.61%上升到2012年的66.23%，中国农村居民在满足文教娱乐基本需求后，用于提高文教娱乐质量的消费比例很低。也说明中国农村居民在对文教娱乐的基本需求得到满足的情况下，在教育、文化娱乐用品、文化娱乐服务方面进行选择的余地较大，文教娱乐的消费质量得到了提升。

表7—10　　　　中国农村居民文教娱乐支出、基本需求支出总额　　　单位：元

年份	基本需求	文教娱乐支出	基本需求占消费比重（%）	低收入户	中低收入户	中等收入户	中高收入户	高收入户
2002	121.15	210.31	57.61	97.36	145.50	193.28	246.81	416.88
2003	139.37	235.68	59.14	109.94	161.37	218.34	276.81	465.45
2004	144.81	247.63	58.48	123.12	167.73	220.05	292.14	492.68
2005	206.00	295.48	69.72	155.49	209.39	262.18	345.17	571.45
2006	196.99	305.13	64.56	146.44	202.08	272.89	371.64	608.64
2007	185.78	305.66	60.78	144.92	197.16	263.34	354.97	654.56
2008	190.80	314.53	60.66	147.00	194.58	277.07	383.47	662.17
2009	212.04	340.56	62.26	156.03	210.47	296.09	416.04	722.31
2010	208.132	366.72	56.76	164.96	235.15	318.05	446.1	782.23
2011	263.67	396.36	66.52	202.32	267.20	344.33	471.52	815.67
2012	295.03	445.49	66.23	197.38	250.08	319.07	406.68	618.40

资料来源：主要根据《中国统计年鉴》相关各年中的数据整理而来。

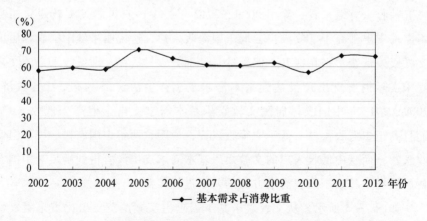

图7—5　中国农村居民文教娱乐基本需求占平均消费支出比重

五　结论与建议

通过以上分析，笔者得出以下结论：

第一，中国农村居民各项消费支出与纯收入之间确实存在着显著的线

性相关关系。同时，中国农村居民文教娱乐用品及服务支出与农村居民家庭人均年纯收入也存在显著的正相关关系。

第二，中国农村居民文教娱乐用品及服务的边际消费倾向居第四位，说明农村居民对精神文化方面的需求尤其对教育方面的重视。

第三，中国农村居民边际预算份额前四位按大小排序是吃、住、交通通信、文教娱乐，说明文教娱乐将是农村居民未来的消费热点之一。

第四，中国仍有一部分农村居民尚未满足文教娱乐基本需求，这会抑制农村居民文教娱乐用品及服务消费需求的增加，因此需要社会救济。

第五，文教娱乐用品及服务的需求收入弹性大于 0 小于 1，说明如果中国农村居民收入增加，将会增加对文教娱乐用品及服务的消费。

根据以上结论，笔者提出以下建议：

第一，提高农村居民收入。提高农村居民收入是个老生常谈的问题，也反映农村居民增收之艰辛。如前结论，农村居民家庭文教娱乐需求取决于农村居民家庭的收入水平，收入水平越高，文教娱乐消费需求就越大。农村居民目前生活水平还很低，受教育程度也比较低，很多农民需要接受教育或更高层次教育，农村具有较大的教育需求潜力。但是由于农民收入较低，使得农民教育消费需求受到制约。要在农业中推广先进技术，改变"靠天吃饭"的状况，提高农产品科技含量，增加农民收入。当然，中国学者对提高农民收入的研究颇多，提高农民收入的方法非此一种，在此不再赘述。总之，只有农民收入提高了，才能促进农村居民文教娱乐消费。

第二，各级政府要重视农村文教娱乐事业，增加文教娱乐设施投入。当前，中国农村文教娱乐投入不足，文教娱乐设施匮乏，农民群众看书难、看戏难、看电影难的问题仍很突出。所以，发展文教娱乐事业，除了普及九年制义务教育外，还应该为广大民众提供更多的文教娱乐设施。文教娱乐设施具有公共产品的性质，要兴建图书馆、博物馆、戏剧院，同时，要把广播电视、文化站的功能充分发挥出来，把已经建造的电影院、歌舞厅、活动室运转起来，使广大农村居民在闲暇时间有丰富的精神文化生活。要加大对有线电视、网络等基础设施建设的投入，并借助于农村居民当前对电脑偏好的有利时机，发展继续教育、网络教育，从而使农民进行技能的培训，普及文化知识，提高农民群众科学文化素质。有条件的农村要定期举办农民艺术节、农民运动会，以丰富农民生活。

第三，重视教育，改善农村教育环境，在农村发展教育信贷。教育在提高一国综合国力方面的作用不可低估。农村居民是中国教育最大的消费群体，大部分的农村居民需要接受教育，但是由于收入水平的低下，制约了一部分农村居民对教育的需求。应该切实普及和巩固九年制义务教育，对贫困家庭学生可以考虑提供免费课本和寄宿生活费补助，有条件的地方应该普及学前教育。教育环境的好坏，直接影响到教育消费的发展。在农村中小学校，先进的教育手段、教学设施、教学器材、教学条件还未普及，农村教师的整体水平较低。对于农村来讲，要重点解决师资力量、教学设施、教育负担等方面的问题，真正使减免农村教育附加费得到贯彻落实。要清理不利于农村教育消费的一切收费，保持并发挥农民教育消费的积极性。政府在创办学校发展教育的同时，要举办培训班，对农民进行职业技能培训，提高农民的就业能力。同时，教育支出弹性大，收入水平的提高将会提高农村居民的教育需求，尤其是对高等教育的需求，所以要在农村发展教育信贷，增加高等教育融资渠道，这不仅从短期内会起刺激消费、减少储蓄的作用，而且通过高等教育对人力资本积累的推动，将对经济产生长远的积极影响。

第四，健全农村社会保障制度。农村居民文教娱乐支出除了取决于收入水平，还受到住房、交通通信、医疗保健等其他消费支出的影响。所以，为了提高文教娱乐在家庭支出中的比重，要健全医疗保险、养老保险等社会保障体系，增强农村居民消费的安全感，彻底消除农村居民文教娱乐消费的顾虑。要大幅度增加转移性收入，增加贫困家庭收入，一旦这一部分家庭收入提高，必将会释放出消费潜能，促进文教娱乐消费的增加。尽管农村义务教育阶段学杂费已经免除，但高中、大学阶段学、食、宿费用支出较大，甚至超过农村居民家庭收入水平的几倍。所以，在农村义务教育阶段学杂费减免的基础上，尽快建立低收入家庭高等教育补贴政策。同时，对农村低收入户子女上大学或职业学校，实行免学费并提供助学金的保障制度。

　　第五，农村居民要转变观念，提高文教娱乐消费。农村居民节俭的传统是抑制文教娱乐消费的原因之一。农村居民看重的是子女的教育，仍然把教育看做子女鲤鱼跳龙门的主要途径，所以农村居民不愿为自己支付最基本的文化读物、视听设备等费用，但对于住房、人情往来，农村居民却不惜花费大量的金钱，这限制了文教娱乐消费的增加。理论上来说，文教娱乐消费的内容和质量，受消费者收入水平和受教育程度等因素的制约，但社会引导对健康、科学、文明的消费方式的传播及消费质量的提高发挥着重要作用。所以，要通过宣传等方法，更新农村居民的消费观念，提高农村居民的文化素质，促使农村居民追求文明、健康的消费方式，形成精神文化占较多消费比重的合理的消费结构。

第八章　中国农村居民医疗保健
消费需求实证分析[*]

一　问题的提出与现有文献综述

"十二五"规划提出："在当代中国，坚持发展是硬道理的本质要求，就是坚持科学发展，更加注重以人为本，更加注重全面协调可持续发展，更加注重保障和改善民生"。医疗保健问题属于重大民生问题，是关乎人命的大事。"十二五"规划还提出"把扩大消费需求作为扩大内需的战略重点，进一步释放城乡居民消费潜力，逐步使中国国内市场总体规模位居世界前列。"而要扩大消费需求，就要提高人们的健康水平，消费者拥有健康的体魄，才能进行物质资料的再生产，进而推动消费水平的提高，良好的医疗保健是保持人们身心健康的前提条件。医疗保健是指包括医疗器具、医药费、保健用品和保健服务费等。国内外对于医疗保健的研究成果颇丰，纽豪斯（Newhouse）于 1970 年在一篇开创性的研究报告中指出，收入是影响医疗保健支出最主要的因素，医疗保健支出的收入弹性大于 1，其他因素对于医疗保健支出的增长并不显著。[①] 在中国关于医疗保健的研究文献中，医疗保健常被列入消费结构中进行讨论。如黄宇于 2008 年以 ELES 模型为理论基础，利用 2000 年至 2006 年中国城镇居民的消费数据，考察了中国城镇居民消费动态演进的趋势，其中也分析了医疗

---

* 本章节内容发表在《中国发展》2011 年第 3 期，在本书中作了修改
① Newhouse JP, Toward a theory of nonprofit institution: An economic model of a hospital. *American Economic Review*. 1970, 60 (1): 64–74.

保健状况。① 近年来，随着经济的发展，不管是政府、理论学界、城乡居民越来越重视医疗保健，故一些学者专门对医疗保健进行研究。就这些研究来说，大体可分为三类，第一类把中国城乡居民医疗保健进行比较研究，如刘旭宁于 2010 年通过协整与误差修正模型和 ELES 模型对中国城乡居民医疗保健消费需求从价格弹性、收入弹性等方面进行了实证对比分析，结果发现中国城乡居民医疗保健消费的收入弹性和价格弹性差别较大，且存在明显的地域差别；收入、医疗保障制度和医疗保健消费构成的不同对城乡医疗保健消费需求将产生重要影响。② 顾卫兵、张东刚于 2008 年采用全国 1985—2005 年数据，运用协整和误差修正模型，对城乡居民收入和医疗保健支出之间的关系进行了实证研究，得出城乡居民收入与医疗保健支出之间均存在长期均衡关系等结论。③ 第二类是专门研究中国城镇居民医疗保健消费状况的，如曹燕、田耕于 2010 年对中国不同收入组城镇居民 1996—2005 年的医疗保健消费行为进行了考察，运用时间序列的计量模型测算了医疗保健消费的价格弹性和收入弹性，结果发现医疗保健属于奢侈品，提出为确保中国城镇居民人人享有基本医疗保健，国家应更积极地投资于人民健康④。第三类是专门对中国农村居民医疗保健进行研究的，如张永辉等于 2007 年从中国农村经济的特征出发，通过对中国医疗卫生费用支出和城乡居民医疗保健费用支出构成及其变化趋势的分析，探讨了影响中国农村医疗保健体制改革的障碍因素，提出完善政府对农村公共卫生的管理体制和投入机制等深化中国农村医疗保健体制改革的政策建议。⑤ 刘凯等于 2007 年指出，最近十多年来，农民的收入和农村

---

① 黄宇：《我国城镇居民消费动态演进分析——基于 ELES 模型的实证》，《山西财经大学学报》2008 年第 8 期。

② 刘旭宁：《转型时期我国城乡居民医疗保健消费需求的实证分析》，《产业经济评论》2010 年第 1 期。

③ 顾卫兵、张东刚：《城乡居民收入与医疗保健支出关系的实证分析》，《消费经济》2008 年第 2 期。

④ 曹燕、田耕：《我国不同收入组城镇居民医疗保健支出特点分析》，《医学与社会》2010 年第 3 期。

⑤ 张永辉、王征兵、赵晓锋：《我国农村医疗保健体制改革的障碍因素和政策建议》，《西北农林科技大学学报》（社会科学版）2007 年第 11 期。

医疗保健支出的数据揭示出二者之间具有相互影响的关系，提出要改善农村医疗保障就要采取提高农民的收入水平等对策。[①] 杨水根、雷楚晶于2013 年对中国东、中、西部三个地区医疗保健支出与居民消费情况进行了实证分析。研究发现：居民医疗保健支出与消费支出存在正向相关性，医疗保健消费对居民消费支出起促进作用；居民医疗保健支出对居民消费支出影响存在显现空间结构性差异，区域经济发展程度与居民自发性医疗保健支出呈同方向变化；居民医疗消费支出呈现"渐趋稳定，总量增长"的态势，同时呈现对国家医疗政策变动和宏观经济形势变化敏感性强的特性。[②] 中国农村居民医疗保健支出的增加，必然有利于中国消费需求的增加。当前在国家关注民生，大力推进医疗卫生体制改革的背景下，研究农村居民医疗保健状况，提出措施，对于中国经济的发展具有重要意义。

二　中国农村居民医疗保健消费现状

自 1980 年以来，随着中国农村居民家庭人均年纯收入的不断提高，人均年消费支出从 162.2 元增加到 5908.02 元。与此同时，农村居民的消费升级，医疗保健支出不断增加，从 1980 年的 3.4 元增加到 2012 年的513.8 元，详见表 8—1、图 8—1 和图 8—2。与此同时，农村居民医疗保健占纯收入比重在 1985 年以前较小，低于 2%。自 1986 年以来，虽然在某些年份有些反复，但整体上农村居民医疗保健占纯收入比重呈上升趋势，从 1986 年的 1.78% 上升到 2012 年的 6.49%，其中，2005—2007 年间，农村居民医疗保健占纯收入比重有所下降，这是由于新型农村合作医疗制度所造成的。中国从 2003 年开始进行新型农村合作医疗制度的试点，正如一粒橡树籽正在成长为枝繁叶茂的大树，逐渐在全国普及。中国农村居民医疗保健占消费支出比重的变化趋势与医疗保健占纯收入比重的趋势

---

① 刘凯、刘希：《农村医疗保健支出与农民收入相关性分析》，《中共长春市委党校学报》2007 年第 4 期。

② 杨水根、雷楚晶：《我国医疗保健支出对城镇居民消费影响研究——基于 2001—2011 年面板数据的实证分析》，《价格理论与实践》2013 年第 3 期。

相同，都是呈折线式上升趋势。

表 8—1　　　　　　　　中国农村居民医疗保健支出情况　　　　　单位：元/人

年份	纯收入	消费支出	医疗保健	医疗保健占纯收入比重（%）	医疗保健占消费支出比重（%）
1980	191.3	162.2	3.4	1.78	2.10
1981	223.4	190.8	4.2	1.88	2.20
1982	270.1	220.2	4.7	1.74	2.13
1983	309.8	248.3	4.4	1.42	1.77
1984	355.3	273.8	5.0	1.41	1.83
1985	397.6	317.4	7.7	1.94	2.43
1986	423.8	357	8.7	2.05	2.44
1987	462.6	398.3	10.7	2.31	2.69
1988	544.9	476.7	13.4	2.46	2.81
1989	601.5	535.4	16.4	2.73	3.06
1990	686.31	584.6	19.0	2.77	3.25
1991	708.6	619.8	22.3	3.15	3.60
1992	784.0	659.0	24.2	3.09	3.67
1993	921.6	769.7	27.2	2.95	3.53
1994	1221.0	1016.8	32.1	2.63	3.16
1995	1577.7	1310.4	42.5	2.69	3.24
1996	1926.1	1572.1	58.3	3.03	3.71
1997	2090.1	1617.2	62.5	2.99	3.86
1998	2162.0	1590.3	68.1	3.15	4.28
1999	2210.3	1577.4	70.0	3.17	4.44
2000	2253.4	1670.1	87.6	3.89	5.25
2001	2366.4	1741.1	96.6	4.08	5.55
2002	2475.6	1834.3	103.94	4.20	5.67
2003	2622.2	1943.3	115.75	4.41	5.96
2004	2936.4	2184.7	130.56	4.45	5.98
2005	3254.93	2555.4	168.09	5.16	6.58
2006	3587.0	2829.0	191.51	5.34	6.77
2007	4140.4	3223.9	210.24	5.08	6.52

续表

年份	纯收入	消费支出	医疗保健	医疗保健占纯收入比重（%）	医疗保健占消费支出比重（%）
2008	4760.6	3660.7	245.97	5.17	6.72
2009	5153.2	3993.5	287.5	5.58	7.20
2010	5919.01	4381.8	326.0	5.51	7.44
2011	6977.29	5221.1	436.8	6.26	8.37
2012	7916.58	5908.02	513.8	6.49	8.70

资料来源：主要根据《中国统计年鉴》相关各年中的数据整理而来。

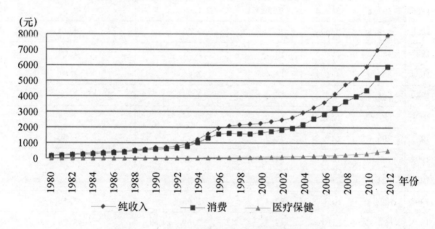

图8—1 中国农村居民医疗保健消费支出

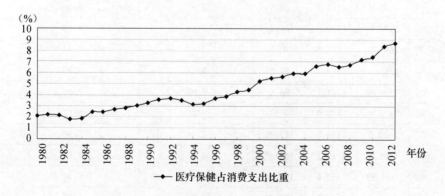

图8—2 中国农村居民医疗保健消费支出比重

　　如表 8—2 所示，从收入五等份来看，中国农村中等收入户的医疗保健消费支出比重接近全国平均水平。自 2002 年以来，中国农村各类收入户医疗保健消费支出比重呈增长趋势，2012 年中国农村低收入户、中等偏下户、中等收入户、中等偏上户、高收入户医疗保健消费支出比重分别比 2002 年上升 4.19、4.13、3.67、3.02、1.41 个百分点，即越是低收入户，医疗保健消费支出比重增加的越多，越是高收入户，医疗保健消费支出比重增加的越少。

表 8—2　　　　　按收入五等份农村居民家庭医疗保健消费支出比重

年份	总平均 （%）	低收入户 （20%）	中等偏下户 （20%）	中等收入户 （20%）	中等偏上户 （20%）	高收入户 （20%）
2002	5.67	5.72	5.71	5.52	5.58	5.76
2003	5.96	5.99	5.93	6.02	5.70	6.08
2004	5.98	5.70	5.80	6.01	6.08	6.08
2005	6.58	6.88	6.72	6.36	6.37	6.64
2006	6.77	7.24	6.73	6.74	6.49	6.80
2007	6.52	6.74	6.90	6.56	6.49	6.24
2008	6.72	6.80	7.06	6.82	6.53	6.59
2009	7.20	7.49	7.31	7.23	7.27	6.96
2010	7.44	7.50	7.66	7.44	7.58	7.20
2011	8.37	9.44	9.41	8.75	8.27	7.05
2012	8.70	9.91	9.84	9.19	8.60	7.17

　　资料来源：主要根据《统计年鉴》相关各年中的数据整理而来。

　　从四大区域来看（表 8—3），2012 年中国农村居民医疗保健消费支出呈现由东向西递减趋势，东北地区最多，其次是东部地区，再次是中部地区，西部地区最少。从医疗保健消费支出比重来看，西部最高，达到了 11.85%，其次是东部地区，为 9.0%，再次是中部地区，为 8.73%，东北地区医疗保健消费支出比重最低，为 7.87%。

表 8—3　　按区域分的农村居民家庭医疗保健基本情况（2012 年）

项目	东部地区	中部地区	西部地区	东北地区
消费支出（元/人）	7682.97	5469.00	4798.36	5941.18
医疗保健（元/人）	604.70	492.45	419.04	704.00
医疗保健支出比重（%）	9.0	8.73	11.85	7.87

资料来源：主要根据《中国统计年鉴》相关各年中的数据整理而来。

　　从各省市（自治区）来看（表 8—4），华南地区农村居民医疗保健消费支出比例最低，在 5%—8%；华东地区医疗保健消费支出比重在 5%—9.4%；西南地区在 7%—9.7%；其中的西藏农村居民医疗保健消费支出比重最低，为 2.79%，低于全国平均水平 5.91 个百分点。华北、华中地区在 8%—10.4%。与上述分析一致，东北地区农村居民医疗保健消费支出比重最高，在 9%—13.60%，其中的吉林省医疗保健消费支出比重在全国居首位，为 13.59%。

表 8—4　　2012 年各省市（自治区）农村居民医疗保健消费支出比重比较

省份	消费支出（元/人）	医疗保健（元/人）	医疗保健支出比重（%）	省份	消费支出（元/人）	医疗保健（元/人）	医疗保健支出比重（%）
全国	5908.02	513.81	8.70	河南	5032.14	468.81	9.32
北京	11878.92	1125.25	9.47	湖北	5726.73	591.87	10.34
天津	8336.55	760.41	9.12	湖南	5870.12	497.24	8.47
河北	5364.14	543.75	10.14	广东	7458.56	446.46	5.99
山西	5566.19	490.25	8.81	广西	4933.58	383.95	7.78
内蒙古	6381.97	588.87	9.23	海南	4776.30	306.54	6.42
辽宁	5998.39	548.77	9.15	重庆	5018.64	482.24	9.61
吉林	6186.17	840.52	13.59	四川	5366.71	498.29	9.28
黑龙江	5718.05	727.02	12.71	贵州	3901.71	282.51	7.24
上海	11971.50	1028.96	8.60	云南	4561.33	362.63	7.95
江苏	9138.18	724.23	7.93	西藏	2967.56	82.67	2.79
浙江	10652.73	746.05	7.00	陕西	5114.68	619.94	12.12

续表

省份	消费支出（元/人）	医疗保健（元/人）	医疗保健支出比重（%）	省份	消费支出（元/人）	医疗保健（元/人）	医疗保健支出比重（%）
安徽	5555.99	510.06	9.18	甘肃	4146.24	398.01	9.60
福建	7401.92	380.60	5.14	青海	5338.91	520.06	9.74
江西	5129.47	380.45	7.42	宁夏	5351.36	492.14	9.20
山东	6775.95	635.34	9.38	新疆	5301.25	444.18	8.38

资料来源：主要根据《中国统计年鉴》相关各年中的数据整理而来。

如表8—5所示，2003年中国农村居民医疗保健支出比2002年增长11.4%，主要是由于医疗费增加较多，医疗费支出人均57元，增加18元，增长45.7%。而农村居民购买医疗卫生用品支出略有下降，人均支出56元，减少2.7元，下降4.7%。2003—2012年间，中国农村居民药品支出和医疗费都不断提高，其中，药品支出增长了1.8倍，医疗费增长了5.1倍。

表8—5　　　　　　　中国农村居民医疗保健分类支出　　　　单位：元/人

年份	医疗保健	增长率（同比%）	药品	增长率（同比%）	医疗费	增长率（同比%）
2003	116	11.4	55	-4.6	57	45.7
2004	131	12.8	58	6.3	68	19.4
2008	246	17.0	92	8.6	147	23.4
2009	287	16.4	103	12.6	175	19.4
2010	326	13.4	110	6.2	207	18.1
2012	514	17.6	154	10.7	348	21.4

资料来源：主要根据《中国农村住户调查年鉴》、《中国住户调查年鉴》相关各年中的数据整理而来。

如表8—6所示，中国开展新型农村合作运动（简称新农合）的县（市、区）从2004年的333个上升到2012年的2566个，增长了6.7倍。参加新农合人数从2004年的0.80亿上升到2012年的8.05亿，增长了

9.1 倍。参合率从 2004 年的 75.2% 上升到 2012 年的 98.26%，几乎做到全覆盖。2012 年的新农合基金支出是 2004 年的 91.3 倍。新农合补偿受益人次也有较大的增长，从 2004 年的 0.76 亿人次上升到 2012 年的 17.45 亿人次，增长了 22 倍。新农合人均筹资也从 2005 年的 42.10 元增加到 2012 年的 308.50 元。

表 8—6 新型农村合作医疗情况

年份	开展新农合的县（市、区）（个）	参加新农合人数（亿人）	参合率（%）	当年基金支出（亿元）	补偿受益人次（亿人次）	人均筹资（元）
2004	333	0.80	75.20	26.37	0.76	—
2005	678	1.79	75.66	61.75	1.22	42.10
2006	1451	4.10	80.66	155.81	2.72	52.10
2007	2451	7.26	86.20	346.63	4.53	58.90
2008	2729	8.15	91.53	662.31	5.85	96.30
2009	2716	8.33	94.19	922.92	7.59	113.36
2010	2678	8.36	96.00	1187.84	10.87	156.57
2011	2637	8.32	97.48	1710.19	13.15	246.21
2012	2566	8.05	98.26	2408.00	17.45	308.50

资料来源：主要《根据中国卫生统计年鉴》（2008—2012）[1]、《中国卫生和计划生育统计年鉴》（2013）[2] 中的数据整理而来。

三 扩展线性支出系统（ELES）模型的构建与检验

根据《中国统计年鉴》中 2002—2012 年中国农村居民五种收入分组家庭人均年纯收入和医疗保健支出结构的数据（表 8—7），运用扩展线性支出系统模型，以中国农村居民人均年纯收入为自变量，以医疗保健支出

---

[1] 中华人民共和国卫生部：《中国卫生统计年鉴》（2008—2012），中国协和医科大学出版社 2008—2013 年版。

[2] 国家卫生和计划生育委员会：《中国卫生和计划生育统计年鉴》（2013），中国协和医科大学出版社 2013 年版。

等为因变量，借助统计软件 SPSS13.0 进行回归分析，各年回归方程的参数估计以及 t 检验值，如表 8—8 所示。

表 8—7　　　　　**按收入五等份中国农村居民医疗保健消费支出**　　　单位：元

年份	项目	平均	低收入户	中低收入户	中等收入户	中高收入户	高收入户
2002	纯收入	2475.63	857.13	1547.53	2164.11	3030.45	5895.63
	医疗保健	103.94	57.54	74.88	90.73	116.49	201.72
	总消费	1834.31	1006.35	1310.33	1645.04	2086.61	3500.08
2003	纯收入	2622.24	865.90	1606.53	2273.13	3206.79	6346.86
	医疗保健	115.75	63.83	81.70	104.25	124.85	228.51
	总消费	1943.30	1064.76	1377.56	1732.74	2189.27	3755.57
2004	纯收入	2936.40	1006.87	1841.99	2578.49	3607.67	6930.65
	医疗保健	130.56	71.21	91.65	117.37	149.43	251.21
	总消费	2184.65	1248.29	1580.99	1951.46	2459.55	4129.12
2005	纯收入	3254.93	1067.22	2018.31	2850.95	4003.33	7747.35
	医疗保健	168.09	106.45	128.52	148.11	183.52	305.10
	总消费	2555.40	1548.30	1913.07	2327.69	2879.06	4593.05
2006	纯收入	3587.04	1182.46	2222.03	3148.50	4446.59	8474.79
	医疗保健	191.51	117.55	137.24	173.17	209.52	359.03
	总消费	2829.02	1624.73	2039.13	2567.92	3230.35	5276.75
2007	纯收入	4140.36	1346.89	2581.75	3658.83	5129.78	9790.68
	医疗保健	210.24	124.76	162.69	192.80	238.84	374.25
	总消费	3223.85	1850.59	2357.90	2938.47	3682.73	5994.43
2008	纯收入	4760.62	1499.81	2934.99	4203.12	5928.60	11290.20
	医疗保健	245.97	145.93	187.27	224.18	273.53	451.47
	总消费	3660.68	2144.78	2652.77	3286.44	4191.25	6853.69
2009	纯收入	5153.17	1549.30	3110.10	4502.08	6467.56	12319.05
	医疗保健	287.54	176.50	209.89	256.27	333.69	521.12
	总消费	3993.45	2354.92	2870.95	3546.04	4591.81	7485.71
2010	纯收入	5919.01	1869.80	3621.23	5221.66	7440.56	14049.69
	医疗保健	326.04	190.25	246.69	295.09	381.04	589.87
	总消费	4381.82	2535.35	3219.47	3963.80	5025.58	8190.38

续表

年份	项目	平均	低收入户	中低收入户	中等收入户	中高收入户	高收入户
2011	纯收入	6977.29	2000.51	4255.75	6207.68	8893.59	16783.06
	医疗保健	436.75	312.58	372.70	421.61	496.64	645.18
	总消费	5221.13	3312.59	3962.29	4817.91	6002.88	9149.57
2012	纯收入	7916.58	2316.21	4807.47	7041.03	10142.08	19008.89
	医疗保健	513.81	370.88	439.12	499.13	595.70	737.12
	总消费	5908.02	3742.25	4464.34	5430.32	6924.19	10275.30

资料来源：主要根据《中国统计年鉴》相关各年中的数据整理而来。

表 8—8　　2002—2012 中国农村居民医疗保健 ELES 模型参数估计值

年份	项目	α_i	β_i	R^2	$t\alpha_i$	$t\beta_i$	F	$D-W$
2002	医疗保健	30.342	0.029	0.999	17.362	53.157	2825.647	1.279
	总消费	565.188	0.498	1.000	37.464	106.238	11286.613	2.617
2003	医疗保健	34.174	0.030	0.996	9.446	28.720	824.866	2.659
	总消费	609.188	0.494	1.000	33.560	93.669	8773.849	2.442
2004	医疗保健	38.042	0.031	0.999	21.121	64.796	4198.531	2.604
	总消费	703.685	0.490	0.999	22.501	59.710	3565.269	1.725
2005	医疗保健	67.500	0.030	0.995	13.514	25.568	653.698	1.316
	总消费	1023.554	0.460	0.999	40.159	76.380	5833.859	2.344
2006	医疗保健	67.546	0.034	0.994	9.496	22.086	487.794	2.190
	总消费	973.776	0.508	0.999	25.599	61.878	3828.832	2.516
2007	医疗保健	85.774	0.030	1.000	80.678	149.037	22211.939	3.310
	总消费	1133.144	0.497	0.999	31.695	74.427	5539.305	2.536
2008	医疗保健	94.584	0.031	0.999	22.453	45.950	2111.383	1.804
	总消费	1293.68	0.490	0.998	17.366	40.638	1651.470	1.721
2009	医疗保健	116.071	0.033	0.997	15.912	30.239	914.418	2.056
	总消费	1450.383	0.487	0.997	15.217	34.313	1177.379	1.652
2010	医疗保健	128.035	0.033	0.999	29.050	57.674	3326.258	3.074
	总消费	1566.038	0.469	0.999	26.889	62.030	3847.686	1.539
2011	医疗保健	279.012	0.022	0.991	25.053	18.450	340.399	1.960
	总消费	2378.94	0.402	0.998	25.945	40.298	1623.908	2.128
2012	医疗保健	339.029	0.022	0.976	16.536	11.100	123.209	2.002
	总消费	2703.491	0.400	0.997	21.251	32.730	1071.277	2.442

　　从回归估计的结果看，在 $\alpha = 0.1$ 的显著水平下，医疗保健消费的回归方程均通过 F 检验，解释变量也均通过了 t 检验。2007 年中国农村居民年纯收入和医疗保健的 R^2 值也达 1.000，其他年份在 0.975 以上，说明中国农村居民各年纯收入对医疗保健支出高度相关。同时，2002—2012 年各项消费支出方程的斜率均在 0 和 1 之间，符合模型中关于 $0 < \beta_i < 1$ 的要求。所以说，本书使用 ELES 模型对中国农村居民医疗保健消费进行分析是完全可行的。根据前面所计算的各年医疗保健和总消费支出的参数值，可以估算出 2002—2012 年中国农村居民医疗保健的边际预算份额、需求收入弹性和基本需求支出，结果见表8—9。

表8—9　　农村居民医疗保健边际预算份额、需求收入弹性和基本需求支出

年份	边际消费倾向 β_i	边际预算份额 b_i	需求收入弹性 η_i	$P_i X_i$ 基本需求支出 元/人
2002	0.029	0.058	0.703	62.98
2003	0.030	0.061	0.697	70.29
2004	0.031	0.063	0.705	80.82
2005	0.030	0.065	0.591	124.36
2006	0.034	0.067	0.644	134.84
2007	0.030	0.060	0.592	153.36
2008	0.031	0.063	0.609	173.22
2009	0.033	0.068	0.594	209.37
2010	0.033	0.070	0.604	225.359
2011	0.022	0.055	0.355	366.53
2012	0.022	0.055	0.339	438.157

四　中国农村居民医疗保健消费实证分析

（一）边际消费倾向和边际预算份额分析

　　中国农村居民医疗保健边际消费倾向较低，一直稳定在 0.030 左右，即其他条件不变时，农村居民收入增加 100 元，医疗保健支出只增

加 3 元。2002—2010 年，中国农村居民医疗保健边际消费倾向均居第五位，在食品、居住、文教娱乐、交通通信之后，高于其他、设备用品、衣着这三项。2011—2012 年，中国农村居民医疗保健边际消费倾向居第七位，仅高于其他这一类别。医疗保健的低消费倾向与农村落后的医疗条件和高医疗费用密切相关。根据第四次国家卫生服务调查显示，门诊方面，农村患者不满意的主要方面依次是设备环境差、医疗费用高和药品种类少，分别占门诊患者的 18.9％、10.6％和 8.6％。住院病人最不满意的方面是医疗费用高，农村占 20％；设备环境差的问题在农村比较突出占 12％。与 2003 年相比，无论城市还是农村，认为设备环境差的比例有所增加。就医疗费用来说，有的新农合医疗点，医务人员素质低下，医疗费用不透明，导致医疗费用虚高；虽然参加新农合的居民能够报销一部分医药费，但报销手续繁杂，报销费用少，如第四次国家卫生服务调查显示，只有 33.5％的门诊患者得到报销或从家庭帐户中支付，65.6％的门诊患者需完全自付医药费用；有 85.3％的住院患者的医疗费用得到报销，获报销费用占其住院总费用的 34.6％。总之，由于农村医疗保健的硬件设施差，医疗条件不尽如人意，医疗费用高且不透明、报销费用少，这都导致农村居民对医疗服务需求的下降，更谈不上进行保健方面的支出了。

如图 8—3 所示，根据公式 $b_i = \beta_i / \sum \beta_i$ 可以计算出中国农村居民医疗保健边际预算份额。中国农村居民医疗保健的边际预算份额较低，说明在收入的约束下，农村居民往往优先考虑吃、住这些基本生活需求，不得不减少在医疗保健方面的支出。医疗保健边际预算份额从 2002 年以来呈缓慢增长趋势，在 2010 年达到最高点 0.07 之后，又下降到 0.055，说明今后随着新农村建设的稳步推进，以及农村医疗保健硬件和"软件"的逐步完善，医疗保健支出将是农村居民未来的消费热点之一。

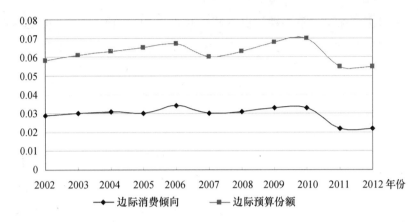

图 8—3　中国农村居民医疗保健边际消费倾向和边际预算份额

（二）需求收入弹性分析

η_i 表示弹性，根据公式 $\eta_i = \beta_i Y / V_i$ 和已知数据可求出中国农村居民医疗保健消费需求收入弹性，详见表 8—9。中国农村居民医疗保健需求收入弹性在 2002 年、2003 年、2004 年、2007 年、2009 年位居第 6 位，2005 年、2006 年、2008 年、2010 年位居第七位，2011—2012 年位居第八位，为最后一位，即在消费结构八大类中医疗保健的收入弹性较低。医疗保健收入弹性大于 0 小于 1，按照经济学原理，收入弹性大于 1 的商品为奢侈品，收入弹性大于 0 小于 1 时属于必需品，但是医疗保健收入弹性不能单纯用这种方法来划分，因为医疗保健属于公共产品和公共服务范畴，农村居民一部分医疗保健需求是由政府提供的公共医疗得到满足的，故虽然收入弹性小于 1 也说明农村居民收入对医疗保健的影响较大。如图 8—4 所示，中国农村居民医疗保健消费需求收入弹性呈下降趋势，从 2002 年的 0.703 下降到 2012 年的 0.339，下降了 36.4 个百分点。农村居民医疗保健的低弹性与农村医疗保健的"软件"密不可分，如表 8—10 所示，虽然平均每村乡村医生和卫生员的数量不断提高，但还是太少，2012 年只有 1.86。平均每千名农业人口乡村医生和卫生员的数量增长缓慢，在 2012 年仅为 1.25，难以满足农村居民医疗保健需求。这样的人才结构必然会导致医疗服务人员业务能力不高，且由于传统的消费习惯，农村居民对医疗保健的重要性认识不足，生了小病后宁愿向后拖，当选择就诊或住院时病情已到了必看不可的地步，故医疗保健表现出必需品的特性。

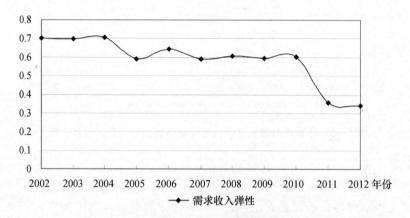

图 8—4　中国农村居民医疗保健需求收入弹性

表 8—10　　　　　　　　　　乡村医生和卫生员数

年份	乡村医生	卫生员	平均每村乡村医生和卫生员	平均每千农业人口乡村医生和卫生员
1980	607879	2357370	2.10	1.79
1985	643022	650072	1.80	1.55
1990	776859	454651	1.64	1.38
1991	794507	458817	1.69	1.39
1992	816557	452504	1.73	1.41
1993	910664	414442	1.81	1.47
1994	933386	390351	1.81	1.47
1995	955933	375084	1.81	1.48
1996	954630	361465	1.79	1.46
1997	972288	345498	1.80	1.45
1998	990217	337416	1.81	1.46
1999	1009665	315272	1.82	1.45
2000	1019845	299512	1.81	1.44
2001	1021542	269053	1.82	1.41
2003	791956	75822	1.31	0.98

续表

年份	乡村医生	卫生员	平均每村乡村 医生和卫生员	平均每千农业人口 乡村医生和卫生员
2004	825672	57403	1.37	1.00
2005	864168	52364	1.46	1.05
2006	906320	51139	1.53	1.10
2007	882218	49543	1.52	1.06
2008	893535	44778	1.55	1.06
2009	995449	55542	1.75	1.19
2010	1031828	60035	1.68	1.23
2011	1060548	65895	1.91	1.27
2012	1022869	71550	1.86	1.25

资料来源：主要根据《中国卫生和计划生育统计年鉴》相关各年中的数据整理而来。

（三）基本需求支出分析

中国农村居民医疗保健基本需求变动趋势与中国农村居民基本需求总额一致，呈增长趋势，说明农村居民对医疗保健的潜在需求巨大。近几年中国农村居民医疗保健基本需求支出总额呈增长趋势，详见表8—11。且每年农村居民实际的平均医疗保健支出都高于基本需求支出，说明中国农村居民医疗保健的基本需求得到了满足。但从五种收入分组来看，每年农村居民医疗保健基本需求支出都高于低收入户，低于中低收入户。这说明虽然中国农村居民生活水平在提升，但仍然有一部分农村居民，即低收入户医疗保健的实际消费支出还没达到基本需求支出，说明低收入户群体在医疗保健方面的基本需求还没有得到满足，生活贫困，需要社会救济，保障低收入户群体基本生活包括医疗保健基本需求的任务还比较沉重。

如图8—5所示，从农村居民医疗保健基本需求支出占实际消费支出比重来看，呈增长趋势，从2002年的60.59%上升到2012年的85.28%，说明中国农村居民在满足医疗保健基本需求后，用于超基本消费支出的比例较少。

表 8—11　　　　中国农村居民医疗保健消费支出、基本需求支出总额　　　　单位：元

年份	基本需求	平均医疗保健消费支出	基本需求占平均消费比重（％）	低收入户	中低收入户	中等收入户	中高收入户	高收入户
2002	62.98	103.94	60.59	57.54	74.88	90.73	116.49	201.72
2003	70.29	115.75	60.73	63.83	81.70	104.25	124.85	228.51
2004	80.82	130.56	61.90	71.21	91.65	117.37	149.43	251.21
2005	124.36	168.09	73.98	106.45	128.52	148.11	183.52	305.10
2006	134.84	191.51	70.41	117.55	137.24	173.17	209.52	359.03
2007	153.36	210.24	72.95	124.76	162.69	192.80	238.84	374.25
2008	173.22	245.97	70.42	145.93	187.27	224.18	273.53	451.47
2009	209.37	287.54	72.81	176.50	209.89	256.27	333.69	521.12
2010	225.36	326.04	69.12	190.25	246.69	295.09	381.04	589.87
2011	366.53	436.75	83.92	312.58	372.70	421.61	496.64	645.18
2012	438.16	513.81	85.28	370.88	439.12	499.13	595.70	737.12

资料来源：主要根据《中国统计年鉴》相关各年中的数据整理而来。

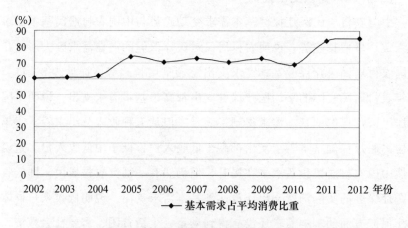

图 8—5　中国农村居民医疗保健基本需求占平均消费支出比重

五　结论与建议

（一）结论

通过以上分析，笔者得出如下结论：

第一，中国农村居民医疗保健支出与农村居民家庭人均年纯收入之间存在着显著的正相关关系。

第二，这与前面的分析相吻合，即农村居民在满足基本需求后，用于提高生活质量的消费比例较低，故农村居民用于医疗保健的支出不多。

第三，中国农村居民医疗保健的边际消费倾向较低，农村居民用于医疗保健的支出较少。

第四，中国农村居民医疗保健收入弹性大于 0 小于 1，说明如果中国农村居民收入增加，将会增加对医疗保健的消费，且医疗保健在消费结构八大类中弹性较低。

第五，中国农村低收入户医疗保健的基本需求也没有得到满足，这必然会抑制农村医疗保健消费的增加。

（二）建议

基于上述结论，可以看出中国农村居民医疗保健消费需求不足，为了扩大中国农村居民医疗保健支出，促使农村居民关注自身健康，提高农村居民整体素质，笔者提出以下建议：

第一，把提高农村居民收入放在首位。如上结论，农村居民医疗保健消费需求取决于农村居民家庭的收入水平，即收入水平越高，医疗保健消费需求就越多。当前，由于收入的限制，中国大多数农村居民医疗保健支出仅限于治病，用于保健方面的支出很少，故医疗保健需求较少也在情理之中。当前，要提高农村居民医疗保健支出，就要提高农村居民收入。中国政府近几年在促进农村居民收入方面不遗余力，已有成效，今后要继续在增加农村居民收入方面狠下功夫。要在农业中推广先进技术，改变"靠天吃饭"的状况，提高农产品科技含量，增加农村居民收入。当然，中国学者对提高农村居民收入的研究颇多，提高农村居民收入的方法非此一种，在此不再赘述。相信随着农村居民收入持续稳定地增长，医疗保健支出必然会大大增加。

第二，创新筹资机制，增加对农村医疗保健投入，完善医疗保健的硬件和"软件"。当前，随着财政在农村医疗保健方面投入的增加，农村医疗保健的硬件和"软件"都有所改善，但尚不能满足农村居民的需求。就硬件来说，医疗设施简陋，业务用房、设备配置少，多地农村居民无医疗保健场所和设施。"软件"方面表现为农村医疗卫生从业人员业务水平不高，故有的农村居民在患病之后舍近求远，即使是小病也会到大城市治疗。这就要求增加对农村医疗保健的资金投入，除了各级财政要增加对农村的医疗保健投入外，还要创新筹资机制，鼓励社会各方资金投入到农村医疗保健中来，即集体、社会和农户多方筹资。在拥有充裕的资金后，硬件方面要增加医疗保健设备、住房的配备，修建医疗保健场所，添置医疗保健器材；"软件"方面除了要按照"十二五规划"的要求，"加强农村三级医疗卫生服务网络建设"外，还要提高农村医疗保健服务质量，比如加强对农村医疗保健从业人员的培训，提高他们的业务能力，也可通过物质奖励的方法鼓励城市医德、技能、口碑好的医疗保健人员定时为农村居民提供医疗保健服务。要大力发展农村医疗卫生服务体系，以大力改善农村医疗卫生条件，提高服务质量。总之，随着农村医疗保健硬件和"软件"的完善，能给农村居民提供及时、有效的服务，农村居民必然会增加医疗保健支出。

第三，完善新型农村合作医疗制度，满足农村居民基本医疗需求。中国在农村推行的新型农村合作医疗制度是对生病的农村居民的一种补贴，以改善他们生病后的生活状况，是国家对农村居民中弱势群体的一种关怀和照顾。其优点是较好地满足了农村居民对医疗的需求，降低了农村居民的医疗风险，提高了农村居民的生活质量。但也有其缺点，主要表现在新农合仅在大病时提供一部分住院和治疗费用，门诊保障和疑难重病还没有纳入其中，且合作医疗定点医院少、药费不透明、报销手续繁琐、附加条件较多、交易费用高。所以，要完善新型农村合作医疗制度，把门诊保障、疑难重病都要纳入到新农合中，增加定点医院，透明医疗费用，简化报销手续，适当放宽给付条件，提高给付水平，使新农合真正能切实有效地解决好农村居民的医疗保健问题，满足医疗保健需求。

第四，"看不见的手"与"看得见的手"相结合，控制医疗保健价格的上涨。近几年虽然农村居民收入不断增加，但医疗保健费用尤其是医疗费用的上涨远远超过农村居民收入的增加。这是由于医药价格形成机制不科学，卫生服务定价偏低，且由于中国医药市场尚不规范，医疗机构和个别医生为了追求收入而滥用处方权，扭曲了医疗补偿机制，从而导致医药费用居高不下，较高的医疗保健费用导致农村居民对其望而却步，因为按照经济学的需求原理，商品或服务的价格越高，对其需求量越低。除了依靠市场"这只看不见的手"进行竞争外，还需要国家"这只看得见的手"改革药品价格形成机制，尽快建立科学合理的医药价格形成机制，规范医疗服务价格管理，消除以药补医行为的根源，减轻农村居民在医疗保健方面的负担。

第五，农村居民要转变观念，形成健康、科学的医疗保健观念。当前，多数农村居民由于文化水平的落后，对医疗保健方面的知识知之甚少，没有认识到医疗保健在促进身体健康方面的重要作用，主动进行健康投资的意识不强，即使在生病之后，要么拖延治病时间，要么采用民间偏方，从而延误治病的有利时机，这都导致农村居民在医疗保健方面的支出不多。今后要加强对医疗保健重要性的宣传，通过专家讲座、媒体宣传等形式普及日常医疗保健常识，培养农村居民健康的生活观念和生活方式。也要加强对农村居民间接保健的投入，尤其是提供体检等活动，使农民能及早发现病症，早日进行治疗。总之，农村居民只有形成健康、科学的医疗保健观念，才会关心自己的身体健康，不管大病、小病都会积极进行治疗，并会预防疾病，提高健康素质，进而提高医疗保健支出。

第九章 中国农村居民信息消费
需求实证分析[*]

一 问题的提出与现有文献综述

信息消费,是指直接或间接以信息产品(信息服务)为消费对象的信息活动,包括狭义的信息消费和广义的信息消费。狭义的信息消费以净信息产品(信息服务)为消费对象;广义的信息消费还包括信息含量相当大的产品和服务。尹世杰认为,医疗保健、交通通信、文教娱乐用品与服务等信息消费含量高的消费构成广义的信息消费项目,本书采用此观点,把《中国统计年鉴》中医疗保健、交通通信、文教娱乐用品与服务四项相加总计为信息消费。中国国内围绕信息消费进行研究的文献较多,陈燕武、翁东东于 2006 年通过建立信息消费函数,对福建城乡居民信息消费状况进行了比较后指出,在全面推进社会信息化建设的同时,应更加注重农村居民信息消费的培养,提高居民的信息消费力。[①] 王平、陈启杰于 2009 年通过构建 ARMA 模型,对城乡居民信息消费差距的发展趋势做出预测。结果发现,信息消费已成为城乡居民新的消费热点,但城乡居民信息消费倾向和消费系数及未来的消费差距都在不断扩大。[②] 肖婷婷于 2010 年从信息消费系数、信息消费倾向以及信

* 本章节内容发表在《西北农林科技大学学报》(社会科学版)2012 年第 1 期,在本书中作了修改。

① 陈燕武、翁东东:《福建省城乡居民信息消费比较及对策建议》,《泉州师范学院学报》2006 年第 2 期。

② 王平、陈启杰:《基于 ARMA 模型的我国城乡居民信息消费差距分析》,《消费经济》2009 年第 10 期。

息消费结构等方面对 2000—2007 年间中国城乡居民信息消费进行了对比分析，得出城乡居民信息消费增长迅速、农村居民边际信息消费倾向高于城镇居民、农村居民信息消费水平与城镇居民差距较大等结论。[1]以上都是关于城乡信息消费的问题，专门对中国农村居民信息消费进行研究的较少。刘嘉、朱琛于 2009 年运用误差修正模型和 Granger 因果关系检验对 1992—2008 年以来中国农村居民的信息消费问题进行了实证研究，结果表明，农村居民信息消费与人均纯收入之间存在长期稳定的均衡关系，并提出采取有效措施以扩大农村居民信息消费支出。[2] 张奎、李旭辉于 2009 年通过对安徽省部分农村的调研，分析了安徽省农村居民信息消费的现状以及存在的问题，提出了完善的措施与建议[3]。马哲明、李永和于 2011 年根据定量研究所需要数据的获取原则，整理出定量研究所需的数据。通过数据的趋势分析，构建农村居民信息消费与其收入的关系模型，应用定量的研究方法，分析农村居民信息消费与其收入之间的关系，从而得出结论：在 1985—1997 年区间内，农村居民的收入决定其信息消费；在 1997—2006 年区间内，农村居民的信息消费决定其收入水平。[4] 丁志帆于 2014 年通过引入常数相对风险规避效用函数，构建了量化信息消费增速变动的福利效应模型，并运用 1993—2011 年中国城镇不同收入等级居民信息消费数据，从总体和结构视角就信息消费增速变动对中国城镇居民的福利影响展开数值模拟分析。研究发现，信息消费增速变动的社会福利效应相当大。另外，信息消费增速变动的福利效应具有明显的群体差异性。因此，应当在促进城镇居民信息增长的同时，稳步推进经济体制改革，以缩小不同收入群体

---

① 肖婷婷：《我国城乡居民信息消费比较——基于 2000—2007 年的实证》，《经济问题》2010 年第 2 期。

② 刘嘉、朱琛：《20 世纪 90 年代以来中国农村居民信息消费的实证研究》，《铜陵学院学报》2009 年第 6 期。

③ 张奎、李旭辉：《安徽省农村居民信息消费问题研究》，《现代农业科技》2009 年第 18 期。

④ 马哲明、李永和：《我国农村居民信息消费与其收入关系研究》，《情报科学》2011 年第 11 期。

间的信息消费鸿沟。① 就这些研究来看，综合运用计量经济模型，对中国农村居民信息消费相关问题进行的实证研究还不够深入。本书运用ELES 模型，对 2002—2012 年中国农村居民信息消费问题进行了实证研究，得出结论，并提出建议，以期对中国农村经济的发展有所裨益。

二　中国农村居民信息消费现状

随着中国农村居民家庭人均年纯收入的不断提高，农村居民信息消费支出也不断增加，人均年信息消费额从 1980 年的 12.3 元增加到 2012 年的 1612.09 元，增长了 130.1 倍，详见表 9—1。医疗保健、交通通信、文教娱乐消费分别从 1980 年的 3.4 元、0.6 元、8.3 元增加到 2012 年的513.81 元、652.79 元、445.49 元。如图 9—1 和图 9—2 所示，中国农村居民信息消费中增长最快的为交通通信消费，其次是医疗保健，最后是文教娱乐。

信息消费占个人消费支出的比重，称为信息消费系数。2006 年以前，中国农村居民信息消费系数呈上升趋势，2006 年以来，中国农村居民信息消费系数呈下降趋势，这是由于近几年中国新型农村合作医疗制度和义务教育制度的实施，使得农村居民医疗保健和文教娱乐的支出增加不多，信息消费系数下降。

表 9—1　　　　　　　中国农村居民信息消费情况　　　　　　单位：元/人

年份	医疗保健	交通通信	文教娱乐	信息消费	人均总消费	信息消费系数	纯收入
1980	3.4	0.6	8.3	12.3	162.2	0.08	191.3
1981	4.2	0.6	10.1	14.9	190.8	0.08	223.4
1982	4.7	0.6	7.5	12.8	220.2	0.06	270.1
1983	4.4	3.6	5.7	13.7	248.3	0.06	309.8

---

① 丁志帆：《城镇居民信息消费的差异化福利效应研究——基于 1993—2011 年经验数据的数值模拟分析》，《财经科学》2014 年第 2 期。

续表

年份	医疗保健	交通通信	文教娱乐	信息消费	人均总消费	信息消费系数	纯收入
1984	5	3.4	8.2	16.6	273.8	0.06	355.3
1985	7.7	5.6	12.4	25.7	317.4	0.08	397.6
1986	8.7	6.2	14.4	29.3	357	0.08	423.8
1987	10.7	8.2	18.5	37.4	398.3	0.09	462.6
1988	13.4	8.9	25.7	48	476.7	0.10	544.9
1989	16.4	8.5	30.6	55.5	535.4	0.10	601.5
1990	19	8.4	31.4	58.8	584.6	0.10	686.31
1991	22.3	10.3	36.4	69	619.8	0.11	708.6
1992	24.2	12.2	43.8	80.2	659.0	0.12	784.0
1993	27.2	17.4	58.4	103	769.7	0.13	921.6
1994	32.1	24	75.1	131.2	1016.8	0.13	1221.0
1995	42.5	33.8	102.4	178.7	1310.4	0.14	1577.74
1996	58.3	47.1	132.5	237.9	1572.1	0.15	1926.1
1997	62.5	53.9	148.2	264.6	1617.2	0.16	2090.1
1998	68.1	60.7	159.4	288.2	1590.3	0.18	2162.0
1999	70	68.7	168.3	307	1577.4	0.19	2210.3
2000	87.6	93.1	186.7	367.4	1670.1	0.22	2253.42
2001	96.6	110	192.6	399.2	1741.1	0.23	2366.4
2002	103.94	128.53	210.31	442.78	1834.31	0.24	2475.63
2003	115.75	162.53	235.68	513.96	1943.30	0.26	2622.24
2004	130.56	192.63	247.63	570.82	2184.65	0.26	2936.40
2005	168.09	244.98	295.48	708.55	2555.40	0.28	3254.93
2006	191.51	288.76	305.13	785.4	2829.02	0.28	3587.04
2007	210.24	328.40	305.66	844.3	3223.85	0.26	4140.36
2008	245.97	360.18	314.53	920.68	3660.68	0.25	4760.62
2009	287.54	402.91	340.56	1031.01	3993.45	0.26	5153.2
2010	326.04	461.10	366.72	1153.86	4381.82	0.26	5919.01
2011	436.75	547.03	396.36	1380.14	5221.13	0.26	6977.29
2012	513.81	652.79	445.49	1612.09	5908.02	0.27	7916.58

资料来源：主要根据《中国统计年鉴》相关各年中的数据整理而来。

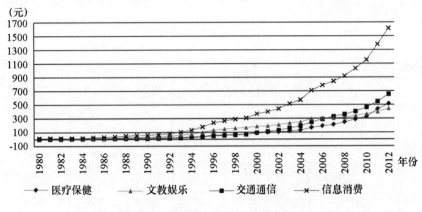

图 9—1　中国农村居民信息消费支出

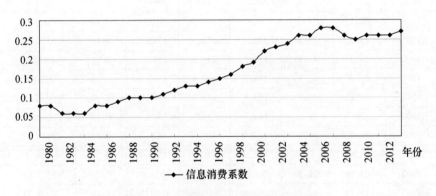

图 9—2　中国农村居民信息消费系数

　　如表 9—2 所示，就农村居民交通方式来看，由以前的步行、骑自行车、三轮车转变为骑自行车、摩托车和开汽车。摩托车从 1987 年底的平均每百户 0.6 辆上升到 2012 年底的 62.2 辆。自行车拥有量在 1995 年以前呈增长趋势，从 1985 年的 80.6 辆增加到 1995 年的 147 辆，此后呈下降趋势，2012 年下降为 79 辆。通信方式由以前的信件、邮递包裹，转变为固定电话、手机和电脑网络。电话机从 2000 年底的平均每百户 26.4 部上升到 2012 年底的 42.2 部。移动电话从 2000 年底的平均每百户 4.3 部上升到 2012 年底的 197.8 部。与此同时，家用计算机拥有量上升，从 2000 年底的平均每百户 0.5 台上升到 2012 年底的 21.4 台，互联网也开始进入农村居民家庭。就文教娱乐来看，看电视成为许多农村居民闲暇消费的主要方式,彩色电视机从 1985 年底平均每百户 0.8 台上升到 2012 年底的 116.9 台。照相机从 1998 年底平均每百户 2.2 台上升到 2012 年底的 5.2 台,一些 CD 机、VCD 机、DVD 机等数字化信息产品也进入农村居民家中。与此相反,中国农村居民对黑白电视机、录放像机等的绝对消费量呈下降趋势,黑白电视机从 1985 年底的平均每百户 10.9 台上升到 1996、1997 年的 65.1 台,此后不断下降,2012 年降为 1.4 台。录放像机从 2002 年底平均每百户 3.32 台下降到 2006 年底的 2.97 台。就医疗保健来说,中国从 2003 年开始进行新型农村合作医疗制度的试点,截至 2012 年底,全国有 2566 个县(市、区)开展了新型农村合作医疗,参合人数达 8.05 亿人,参合率为 98.26%,全国累计有 17.45 亿人次享受到新农合补偿,人均筹资 308.50 元。

表 9—2　　中国农村居民家庭年底平均每百户主要耐用消费品拥有量

年底	摩托车(辆)	电话机(部)	移动电话(部)	家用计算机(台)	彩色电视机(台)	照相机(台)	黑白电视机(台)	录放像机(台)	自行车(辆)
1985	—	—	—	—	0.8	—	10.9	—	80.6
1986	—	—	—	—	1.5	—	15.8	—	90.3
1987	0.6	—	—	—	2.3	—	22	—	98.5
1988	0.9	—	—	—	2.8	—	28.6	—	107.5
1989	1	—	—	—	3.6	—	33.9	—	113.4
1990	0.9	—	—	—	4.7	—	39.7	—	118.3
1991	1.1	—	—	—	6.4	—	47.5	—	121.6
1992	1.4	—	—	—	8.1	—	52.4	—	125.7
1993	2.1	—	—	—	10.9	—	58.3	—	133.4
1994	3.2	—	—	—	13.5	—	61.8	—	136.5
1995	4.9	—	—	—	16.9	—	63.8	—	147.0
1996	8.4	—	—	—	22.9	—	65.1	—	139.1
1997	10.9	—	—	—	27.3	—	65.1	—	142
1998	13.5	—	—	—	32.6	2.2	63.6	—	137.2

续表

年底	摩托车（辆）	电话机（部）	移动电话（部）	家用计算机（台）	彩色电视机（台）	照相机（台）	黑白电视机（台）	录放像机（台）	自行车（辆）
1999	16.5	—	—	—	38.2	2.7	62.4	—	136.9
2000	21.9	26.4	4.3	0.5	48.7	3.1	53	—	120.5
2001	24.7	34.1	8.1	0.7	54.4	3.2	50.7	—	120.8
2002	28.07	40.77	13.67	1.10	60.45	3.34	48.14	3.32	121.32
2003	31.80	49.06	23.68	1.42	67.80	3.36	42.80	3.51	118.50
2004	36.15	54.54	34.72	1.90	75.09	3.68	37.92	3.65	118.15
2005	40.70	58.37	50.24	2.10	84.08	4.05	21.77	3.00	98.37
2006	44.59	64.09	62.05	2.73	89.43	4.18	17.45	2.97	98.74
2007	48.52	68.36	77.84	3.68	94.38	4.30	12.14	—	97.74
2008	52.45	67.01	96.13	5.36	99.22	4.43	9.88	—	97.58
2009	56.6	62.7	115.2	7.5	108.9	4.8	7.7	—	96.5
2010	59	60.8	136.5	10.4	111.8	5.2	6.4	—	96
2011	60.9	43.1	179.7	18	115.5	4.5	1.7	—	77.1
2012	62.2	42.2	197.8	21.4	116.9	5.2	1.4	—	79

资料来源：主要根据《中国统计年鉴》相关各年中的数据整理而来。

　　从信息消费结构来看，中国农村居民的医疗保健和交通通信消费呈上升趋势，详见表9—3和图9—3。其中，交通通信上升最快，从1980年的4.9%上升到2012年的40.5%，上升了35.6个百分点。说明农村居民越来越重视出行与相互交流的便利，对交通通信的支出增加。医疗保健从1980年的27.6%上升到2012年的31.9%，上升趋势平稳，说明农村居民由以前的"小病不治，大病扛过去，重病等着见阎王"转变为重视身体健康。文教娱乐呈现逐年下降趋势，从1980年的67.5%下降到2012年的27.6%，下降了39.9个百分比。在2006年以前，中国农村居民文教娱乐在信息消费支出中的比重高于医疗保健和交通通信，2006年之后，文教娱乐消费支出比开始低于交通通信，并在2012年低于医疗保健，这反映出中国在农村普及九年义务教育"两免一补"和"一费制"成效突出，教育费用不断下降，使得文教娱乐支出比重下降。

表 9—3			中国农村居民信息消费结构			单位:%	
年份	医疗保健	交通通信	文教娱乐	信息消费	医疗保健	交通通信	文教娱乐
1980	3.4	0.6	8.3	12.3	27.6	4.9	67.5
1981	4.2	0.6	10.1	14.9	28.2	4.0	67.8
1982	4.7	0.6	7.5	12.8	36.7	4.7	58.6
1983	4.4	3.6	5.7	13.7	32.1	26.3	41.6
1984	5	3.4	8.2	16.6	30.1	20.5	49.4
1985	7.7	5.6	12.4	25.7	30.0	21.8	48.2
1986	8.7	6.2	14.4	29.3	29.7	21.2	49.1
1987	10.7	8.2	18.5	37.4	28.6	21.9	49.5
1988	13.4	8.9	25.7	48.0	27.9	18.5	53.5
1989	16.4	8.5	30.6	55.5	29.5	15.3	55.1
1990	19	8.4	31.4	58.8	32.3	14.3	53.4
1991	22.3	10.3	36.4	69	32.3	14.9	52.8
1992	24.2	12.2	43.8	80.2	30.2	15.2	54.6
1993	27.2	17.4	58.4	103	26.4	16.9	56.7
1994	32.1	24	75.1	131.2	24.5	18.3	57.2
1995	42.5	33.8	102.4	178.7	23.8	18.9	57.3
1996	58.3	47.1	132.5	237.9	24.5	19.8	55.7
1997	62.5	53.9	148.2	264.6	23.6	20.4	56.0
1998	68.1	60.7	159.4	288.2	23.6	21.1	55.3
1999	70	68.7	168.3	307	22.8	22.4	54.8
2000	87.6	93.1	186.7	367.4	23.8	25.3	50.8
2001	96.6	110	192.6	399.2	24.2	27.6	48.2
2002	103.94	128.53	210.31	442.78	23.5	29.0	47.5
2003	115.75	162.53	235.68	513.96	22.5	31.6	45.9
2004	130.56	192.63	247.63	570.82	22.9	33.7	43.4
2005	168.09	244.98	295.48	708.55	23.7	34.6	41.7
2006	191.51	288.76	305.13	785.4	24.4	36.8	38.9
2007	210.24	328.4	305.66	844.3	24.9	38.9	36.2
2008	245.97	360.18	314.53	920.68	26.7	39.1	34.2
2009	287.54	402.91	340.56	1031.01	27.9	39.1	33.0
2010	326.04	461.1	366.72	1153.86	28.3	40.0	31.8
2011	436.75	547.03	396.36	1380.14	31.6	39.6	28.7
2012	513.81	652.79	445.49	1612.09	31.9	40.5	27.6

资料来源：主要根据《中国统计年鉴》相关各年中的数据整理而来。

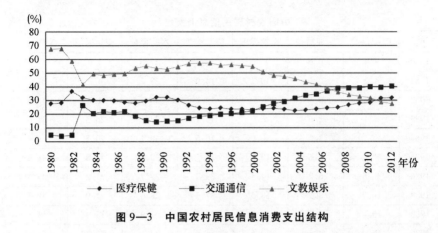

图9—3　中国农村居民信息消费支出结构

三　扩展线性支出系统(ELES)模型的检验

　　根据《中国统计年鉴》中2002—2012年中国农村居民五种收入分组家庭人均年纯收入和信息消费支出结构的数据（表9—4），运用扩展线性支出系统模型，以中国农村居民人均年纯收入为自变量，以交通通信等为因变量，借助统计软件SPSS13.0进行回归分析，各年回归方程的参数估计以及t检验值，如表9—5所示。

表9—4　　　　　　　　　中国农村居民五等份信息消费支出　　　　　　单位：元

年份	项目	平均	低收入户	中低收入户	中等收入户	中高收入户	高收入户
2002	纯收入	2475.63	857.13	1547.53	2164.11	3030.45	5895.63
	医疗保健	103.94	57.54	74.88	90.73	116.49	201.72
	交通通信	128.53	41.76	67.65	100.50	153.64	321.40
	文教娱乐	210.31	97.36	145.50	193.28	246.81	416.88
	信息消费	442.78	196.66	288.03	384.51	516.94	940
	总消费	1834.31	1006.35	1310.33	1645.04	2086.61	3500.08

续表

年份	项目	平均	低收入户	中低收入户	中等收入户	中高收入户	高收入户
2003	纯收入	2622.24	865.90	1606.53	2273.13	3206.79	6346.86
	医疗保健	115.75	63.83	81.70	104.25	124.85	228.51
	交通通信	162.53	56.91	84.09	128.85	183.21	412.72
	文教娱乐	235.68	109.94	161.37	218.34	276.81	465.45
	信息消费	513.96	230.68	327.16	451.44	584.87	1106.68
	总消费	1943.30	1064.76	1377.56	1732.74	2189.27	3755.57
2004	纯收入	2936.40	1006.87	1841.99	2578.49	3607.67	6930.65
	医疗保健	130.56	71.21	91.65	117.37	149.43	251.21
	交通通信	192.63	74.00	109.30	153.49	217.61	469.55
	文教娱乐	247.63	123.12	167.73	220.05	292.14	492.68
	信息消费	570.82	268.33	368.68	490.91	659.18	1213.44
	总消费	2184.65	1248.29	1580.99	1951.46	2459.55	4129.12
2005	纯收入	3254.93	1067.22	2018.31	2850.95	4003.33	7747.35
	医疗保健	168.09	106.45	128.52	148.11	183.52	305.10
	交通通信	244.98	111.19	153.74	206.96	281.55	539.37
	文教娱乐	295.48	155.49	209.39	262.18	345.17	571.45
	信息消费	708.55	373.13	491.65	617.25	810.24	1415.92
	总消费	2555.40	1548.30	1913.07	2327.69	2879.06	4593.05
2006	纯收入	3587.04	1182.46	2222.03	3148.50	4446.59	8474.79
	医疗保健	191.51	117.55	137.24	173.17	209.52	359.03
	交通通信	288.76	129.13	178.42	243.26	348.00	626.46
	文教娱乐	305.13	146.44	202.08	272.89	371.64	608.64
	信息消费	785.4	393.12	517.74	689.32	929.16	1594.13
	总消费	2829.02	1624.73	2039.13	2567.92	3230.35	5276.75
2007	纯收入	4140.36	1346.89	2581.75	3658.83	5129.78	9790.68
	医疗保健	210.24	124.76	162.69	192.80	238.84	374.25
	交通通信	328.40	143.70	207.53	284.97	385.30	717.92
	文教娱乐	305.66	144.92	197.16	263.34	354.97	654.56
	信息消费	844.3	413.38	567.38	741.11	979.11	1746.73
	总消费	3223.85	1850.59	2357.90	2938.47	3682.73	5994.43

续表

年份	项目	平均	低收入户	中低收入户	中等收入户	中高收入户	高收入户
2008	纯收入	4760.62	1499.81	2934.99	4203.12	5928.60	11290.20
	医疗保健	245.97	145.93	187.27	224.18	273.53	451.47
	交通通信	360.18	168.35	224.25	302.35	410.75	806.13
	文教娱乐	314.53	147.00	194.58	277.07	383.47	662.17
	信息消费	920.68	461.28	606.1	803.6	1067.75	1919.77
	总消费	3660.68	2144.78	2652.77	3286.44	4191.25	6853.69
2009	纯收入	5153.17	1549.30	3110.10	4502.08	6467.56	12319.05
	医疗保健	287.54	176.50	209.89	256.27	333.69	521.12
	交通通信	402.91	190.31	240.36	327.66	469.44	910.75
	文教娱乐	340.56	156.03	210.47	296.09	416.04	722.31
	信息消费	1031.01	522.84	660.72	880.02	1219.17	2154.18
	总消费	3993.45	2354.92	2870.95	3546.04	4591.81	7485.71
2010	纯收入	5919.01	1869.80	3621.23	5221.66	7440.56	14049.69
	医疗保健	326.04	190.25	246.69	295.09	381.04	589.87
	交通通信	461.10	208.64	281.12	372.32	525.49	1073.82
	文教娱乐	366.72	164.96	235.15	318.05	446.1	782.23
	信息消费	1153.86	563.85	762.96	985.46	1352.63	2445.92
	总消费	4381.82	2535.35	3219.47	3963.80	5025.58	8190.38
2011	纯收入	6977.29	2000.51	4255.75	6207.68	8893.59	16783.06
	医疗保健	436.75	312.58	372.70	421.61	496.64	645.18
	交通通信	547.03	292.01	354.67	476.11	634.05	1144.10
	文教娱乐	396.36	202.32	267.20	344.33	471.52	815.67
	信息消费	1380.14	806.91	994.57	1242.05	1602.21	2604.95
	总消费	5221.13	3312.59	3962.29	4817.91	6002.88	9149.57
2012	纯收入	7916.58	2316.21	4807.47	7041.03	10142.08	19008.89
	医疗保健	513.81	370.88	439.12	499.13	595.70	737.12
	交通通信	652.79	360.26	412.69	546.92	732.45	1418.83
	文教娱乐	445.49	230.24	294.22	386.79	533.11	918.93
	信息消费	1612.09	961.38	1146.03	1432.84	1861.26	3074.88
	总消费	5908.02	3742.25	4464.34	5430.32	6924.19	10275.30

资料来源：主要根据《中国统计年鉴》相关各年中的数据整理而来。

表 9—5　2002—2012 年中国农村居民信息消费 ELES 模型参数估计值

年份	项目	α_i	β_i	R^2	$t\alpha_i$	$t\beta_i$	F	$D-W$
2002	医疗保健	30.342	0.029	0.999	17.362	53.157	2825.647	1.279
	交通通信	−16.113	0.057	0.997	−2.740	31.035	963.198	1.458
	文教娱乐	50.241	0.063	0.998	8.608	34.665	1201.670	1.364
	信息消费	64.470	0.149	1.000	16.145	119.630	14311.420	2.378
	总消费	565.188	0.498	1.000	37.464	106.238	11286.613	2.617
2003	医疗保健	34.174	0.030	0.996	9.446	28.720	824.866	2.659
	交通通信	−17.012	0.066	0.993	−1.549	20.812	433.141	1.753
	文教娱乐	62.314	0.064	0.996	8.095	28.737	825.826	1.448
	信息消费	79.476	0.160	0.999	8.118	56.552	3198.116	3.052
	总消费	609.188	0.494	1.000	33.560	93.669	8773.849	2.442
2004	医疗保健	38.042	0.031	0.999	21.121	64.796	4198.531	2.604
	交通通信	−13.087	0.068	0.992	−0.988	19.568	382.916	1.531
	文教娱乐	57.880	0.063	0.999	12.536	51.839	2687.317	2.463
	信息消费	82.835	0.162	0.998	5.858	43.506	1892.807	1.691
	总消费	703.685	0.490	0.999	22.501	59.710	3565.269	1.725
2005	医疗保健	67.500	0.030	0.995	13.514	25.568	653.698	1.316
	交通通信	27.548	0.065	0.997	3.073	30.800	948.661	1.553
	文教娱乐	86.582	0.063	0.999	19.884	61.012	3722.417	2.643
	信息消费	181.630	0.158	0.999	12.614	46.488	2161.100	1.442
	总消费	1023.554	0.460	0.999	40.159	76.380	5833.859	2.344
2006	医疗保健	67.546	0.034	0.994	9.496	22.086	487.794	2.190
	交通通信	33.465	0.070	0.997	3.558	34.434	1185.718	1.897
	文教娱乐	70.324	0.064	0.997	7.387	31.315	980.600	2.368
	信息消费	171.335	0.168	0.998	9.365	42.584	1813.369	2.244
	总消费	973.776	0.508	0.999	25.599	61.878	3828.832	2.516
2007	医疗保健	85.774	0.030	1.000	80.678	149.037	22211.939	3.310
	交通通信	37.297	0.069	0.998	4.344	43.133	1860.436	1.798
	文教娱乐	46.113	0.062	0.997	4.538	32.484	1055.234	1.590
	信息消费	169.184	0.160	0.999	9.320	47.313	2238.539	1.626
	总消费	1133.144	0.497	0.999	31.695	74.427	5539.305	2.536

续表

年份	项目	α_i	β_i	R^2	$t\alpha_i$	$t\beta_i$	F	D-W
2008	医疗保健	94.584	0.031	0.999	22.453	45.950	2111.383	1.804
	交通通信	37.390	0.067	0.992	1.772	19.552	382.290	1.544
	文教娱乐	53.821	0.054	0.997	4.792	29.704	882.351	2.425
	信息消费	185.795	0.152	0.997	6.194	31.326	981.309	1.672
	总消费	1293.68	0.490	0.998	17.366	40.638	1651.470	1.721
2009	医疗保健	116.071	0.033	0.997	15.912	30.239	914.418	2.056
	交通通信	41.244	0.069	0.990	1.543	17.388	302.352	1.456
	文教娱乐	59.365	0.054	0.997	5.464	33.296	1108.644	2.313
	信息消费	216.680	0.156	0.994	5.331	25.763	663.741	1.664
	总消费	1450.383	0.487	0.997	15.217	34.313	1177.379	1.652
2010	医疗保健	128.035	0.033	0.999	29.050	57.674	3326.258	3.074
	交通通信	23.357	0.073	0.988	0.654	15.708	246.738	1.434
	文教娱乐	57.722	0.051	0.999	7.039	48.355	2338.217	2.001
	信息消费	209.114	0.157	0.997	5.167	29.935	896.078	1.340
	总消费	1566.038	0.469	0.999	26.889	62.030	3847.686	1.539
2011	医疗保健	279.012	0.022	0.991	25.053	18.450	340.399	1.960
	交通通信	126.455	0.059	0.991	4.306	18.593	345.694	1.698
	文教娱乐	96.589	0.042	0.996	7.210	29.075	845.354	1.494
	信息消费	502.056	0.123	0.997	14.211	32.297	1043.070	1.689
	总消费	2378.94	0.402	0.998	25.945	40.298	1623.908	2.128
2012	医疗保健	339.029	0.022	0.976	16.536	11.100	123.209	2.002
	交通通信	123.758	0.066	0.980	2.184	12.102	146.451	1.583
	文教娱乐	105.787	0.042	0.996	6.328	26.383	696.054	1.595
	信息消费	568.574	0.130	0.995	9.921	23.633	558.530	1.563
	总消费	2703.491	0.400	0.997	21.251	32.730	1071.277	2.442

　　从回归估计的结果看，在 $\alpha=0.1$ 的显著水平下，各类消费的回归方程均通过 F 检验，解释变量也均通过了 t 检验，且各项 R^2 值都在 0.900 以上。2002 年中国农村居民年纯收入和信息消费的 R^2 值高达 1.000，其他年份中国农村居民纯收入与信息消费的 R^2 值大于等于 0.994，说明中国农

村居民各年纯收入对各项信息消费支出高度相关，方程的拟合优度较好。
同时，2002—2012 年各项消费支出方程的斜率均在 0 和 1 之间，符合模
型中关于 $0 < \beta_i < 1$ 的要求。所以说，本书使用 ELES 模型对中国农村居民
信息消费进行分析是完全可行的。根据上文所计算的各年信息消费及各项
目的参数值，可以估算出 2002—2012 年信息及各项目的边际预算份额、
需求收入弹性和基本需求支出，结果见表 9—6。

表 9—6　　　　　中国农村居民信息消费及各项目的边际预算份额、
需求收入弹性和基本需求

项目 年份	医疗保健				交通通信			
	β_i	b_i	η_i	$P_i X_I$	β_i	b_i	η_i	$P_i X_I$
2002	0.029	0.058	0.703	62.98	0.057	0.114	1.129	48.04
2003	0.030	0.061	0.697	70.29	0.066	0.134	1.109	62.45
2004	0.031	0.063	0.705	80.82	0.068	0.139	1.07	80.74
2005	0.030	0.065	0.591	124.36	0.065	0.141	0.885	150.75
2006	0.034	0.067	0.644	134.84	0.070	0.138	0.882	172.01
2007	0.030	0.060	0.592	153.36	0.069	0.139	0.885	192.74
2008	0.031	0.063	0.609	173.22	0.067	0.137	0.895	207.34
2009	0.033	0.068	0.594	209.37	0.069	0.142	0.896	236.33
2010	0.033	0.070	0.604	225.36	0.073	0.156	0.949	238.65
2011	0.022	0.055	0.355	366.53	0.059	0.147	0.765	361.17
2012	0.022	0.055	0.339	438.16	0.066	0.165	0.808	421.14
项目 年份	文教娱乐				信息消费			
	β_i	b_i	η_i	$P_i X_I$	β_i	b_i	η_i	$P_i X_I$
2002	0.063	0.127	0.756	121.15	0.149	0.299	0.850	232.17
2003	0.064	0.130	0.729	139.37	0.160	0.324	0.841	272.11
2004	0.063	0.129	0.762	144.81	0.162	0.331	0.852	306.37
2005	0.063	0.137	0.703	206.00	0.158	0.343	0.739	481.11
2006	0.064	0.126	0.766	196.99	0.168	0.331	0.779	503.84
2007	0.062	0.125	0.580	185.78	0.161	0.324	0.798	531.88
2008	0.054	0.110	0.827	190.80	0.152	0.310	0.796	571.36
2009	0.054	0.111	0.824	212.04	0.156	0.321	0.788	657.74
2010	0.051	0.109	0.839	208.13	0.157	0.335	0.816	672.14
2011	0.042	0.104	0.752	263.67	0.123	0.306	0.631	991.37
2012	0.042	0.105	0.759	295.03	0.130	0.325	0.644	1154.33

四 中国农村居民信息消费实证分析

（一）边际消费倾向和边际预算份额分析

如前面表 9—6 所示，边际消费倾向是指增加的消费与增加的收入之比率，在 2010 年以前，中国农村居民信息边际消费倾向稳定在 0.15 左右，即农村居民每增加 100 元收入，用于增加的信息消费为 15 元左右。自 2010 年以来，中国农村居民边际消费倾向呈下降趋势，2012 年下降为 0.130，这是由于医疗保健和文教娱乐边际消费倾向下降造成的。具体来看，三大类中医疗保健的边际消费倾向最低，2010 年以前在 0.030 左右徘徊，此后不断下降，2012 年下降为 0.022，说明农村居民对医疗保健不够重视。交通通信的边际消费倾向较高，从 2002 年的 0.057 上升到 2012 年的 0.066，说明随着经济的快速发展，农村居民生活方式也发生改变，外出务工经商频繁，交通通信投入费用也随之增长。文教娱乐的边际消费倾向在 2008 年以前一直稳定在 0.63 左右，此后也呈下降趋势，2012 年下降为 0.042，这是由于在社会主义新农村建设过程中，农村居民精神文化的需求不断增加，学技术、学文化意识逐渐增强，尤其在子女教育方面，舍得投资，这无疑会增加农村居民文教娱乐的边际消费倾向。

如图 9—4 所示，根据公式 $b_i = \beta_i / \sum \beta_i$ 可以计算出边际预算份额，从而得出近几年来中国农村居民信息消费支出的增量结构。信息的边际预算份额呈倒 "U" 型，说明中国农村居民对信息消费的理性回归。其中，医疗保健的边际预算份额最低，在 0.060 左右，这与农村居民轻保健、重医疗的传统文化有关，在不威胁到生命的情况下，农村居民对疾病采取的态度是能忍则忍，能拖则拖，故医疗保健支出较少。交通通信的边际预算份额从 2003 年以来一直稳定在 0.139 左右，说明随着农村交通通信基础设施的逐步完善，交通通信将是农村居民未来的消费热点之一。文教娱乐的边际预算份额从 2005 年以来呈现降低的趋势，如前所述，这是由于义务教育的因素。虽然文教娱乐预算份额降低，但不影响农村居民对文教娱乐消费重要性的认识，文教娱乐用品及服务也将是农村居民未来的消费热点之一。

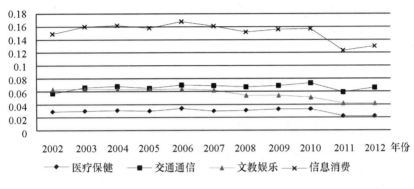

图9—4　中国农村居民信息边际消费倾向

（二）需求收入弹性分析

如图9—5所示，中国农村居民信息消费各年的需求收入弹性都大于0小于1，说明如果中国农村居民收入增加，将会增加对信息的消费。按照经济学原理，收入弹性大于1的商品属于奢侈品，大于0小于1的属于必需品，但是信息消费收入弹性不能单纯用这种方法来划分。因为农村居民对信息消费的一部分是通过政府的公共设施比如公共交通、公共医疗、义务教育得到满足的。所以，农村居民信息需求收入弹性在0和1之间不能说明信息消费已成为中国农村居民的生活必需品。这11年间交通通信的收入弹性一直位居第一位，并且在2002—2004年三个年份大于1，说明中国农村居民在收入增长的情况下，越来越重视交通通信消费，对其有强烈的消费欲望。2008年，文教娱乐需求收入弹性跃居第三位，2009—2012年，中国农村居民文教娱乐用品及服务消费都居第二位，仅居交通通信之后，说明农村居民开始重视文教娱乐的消费，在文教娱乐方面的支出增加。医疗保健的收入弹性下降明显，一方面反映了农村居民对公共卫生服务以及医疗保障制度的需求，另一方面也反映了当农村居民在大病、重病时才选择就诊或住院，因而医疗保健表现出必需品的特性。

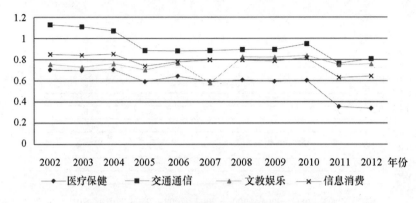

图 9—5　中国农村居民信息消费需求收入弹性

（三）基本需求支出分析

近 11 年以来，中国农村居民信息基本需求支出呈稳步增长趋势，且低于农村居民实际的平均信息消费支出，详见表 9—7，说明中国农村居民信息的基本需求都得到了充分满足。从五种收入分组来看，信息的基本需求支出都高于低收入户，低于中低收入户，这说明中国仍然有一部分农村居民，即低收入户的信息消费支出还没达到基本需求支出，生活贫困，需要社会救济。具体来看，每年农村居民实际的交通通信、医疗保健、文教娱乐支出都高于各自的基本需求支出，说明中国农村居民这三项的基本需求得到了满足。同时，每年农村居民这三项基本需求支出都高于低收入户、低于中低收入户。说明低收入户在医疗保健、交通通信、文教娱乐等方面的基本需求还没有得到满足，保障低收入户信息基本生活的任务还比较繁重。如图 9—6 所示，近几年农村居民信息基本需求占信息消费支出比重在呈上升趋势，在 2011 年达到最高点 71.83%，即当年农村居民只有 28.17% 的比例用于超基本信息消费支出，说明农村居民在满足信息基本需求后，用于提高信息质量的消费比例较低。具体来看，交通通信与医疗保健变动趋势与信息基本需求一致，呈增长趋势，说明农村居民这两项消费的潜在需求巨大。但从文教娱乐的基本需求支出轨迹来看，呈现倒"U"型趋势，说明中国农村居民在对文教娱乐的基本需求得到满足的情况下，在教育、文化娱乐用品及服务方面进行选择的余地较大，文教娱乐的消费质量得到了提升。

表9—7　　中国农村居民信息平均消费支出、基本需求支出总额　　单位：元

年份	基本需求	平均消费	基本需求占平均消费比重（%）	低收入户	中低收入户	中等收入户	中高收入户	高收入户
2002	232.17	442.78	52.43	196.66	288.03	384.51	516.94	940
2003	272.11	513.96	52.94	230.68	327.16	451.44	584.87	1106.68
2004	306.37	570.82	53.67	268.33	368.68	490.91	659.18	1213.44
2005	481.11	708.55	67.90	373.13	491.65	617.25	810.24	1415.92
2006	503.84	785.4	64.15	393.12	517.74	689.32	929.16	1594.13
2007	531.88	844.3	63.00	413.38	567.38	741.11	979.11	1746.73
2008	571.36	920.68	62.06	461.28	606.10	803.6	1067.75	1919.77
2009	657.74	1031.01	63.80	522.84	660.72	880.02	1219.17	2154.18
2010	672.14	1153.86	58.25	563.85	762.96	985.46	1352.63	2445.92
2011	991.37	1380.14	71.83	806.91	994.57	1242.05	1602.21	2604.95
2012	1154.33	1612.09	71.60	961.38	1146.03	1432.84	1861.26	3074.88

资料来源：主要根据《中国统计年鉴》相关各年中的数据整理而来。

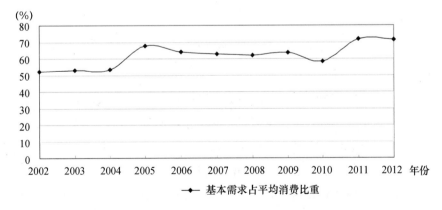

图9—6　中国农村居民信息消费基本需求占平均消费比重

五　结论与建议

（一）结论

通过以上实证分析，可得出如下结论：

第一，中国农村居民人均年纯收入与信息消费之间存在着稳定的函数关系。

第二，近几年中国农村居民信息边际消费倾向中交通通信最高，其次是文教娱乐，医疗保健的边际消费倾向最低，说明交通通信与文教娱乐将是农村居民未来的消费热点。

第三，信息消费各年的需求收入弹性都大于 0 小于 1，交通通信收入弹性最高，并且有三个年份大于 1，说明中国农村居民在收入增长的情况下，越来越重视交通通信消费，对其有强烈的消费欲望。

第四，中国农村居民信息及各项目基本需求支出都高于低收入户，低于中低收入户，说明中国仍然有一部分农村居民，即低收入户的实际信息消费支出包括交通通信、文教娱乐、医疗保健还没达到基本需求支出，生活贫困，需要社会救济。

（二）建议

为了扩大中国农村居民信息消费支出，笔者在基于以上结论的基础上，提出如下建议：

第一，增加农村居民收入，扩大农村居民信息消费支出。如结论所说，农村居民年纯收入与信息消费之间存在着函数关系，所以，为了提高农村居民交通通信、文教娱乐、医疗保健的消费水平，就一定要提高农村居民收入。反过来，信息消费支出的增加又可以促进农业增产、农民增收。中国政府近几年在促进农村居民收入增长方面不遗余力，已有成效，今后要继续在增加农村居民收入方面狠下功夫。要在农业中推广先进技术，改变"靠天吃饭"的状况，提高农产品的科技含量，增加农村居民收入。当然，中国学者对提高农村居民收入的研究颇多，提高农村居民收入的方法非此一种，在此不再赘述。总之，只有农村居民的收入提高了，才能促进农村居民信息消费的增长。

第二，加强文教娱乐、交通通信、公共卫生基础设施建设，调动农村居民信息消费的积极性。信息基础设施建设是农村居民进行信息消费的前提。文教娱乐、交通通信、医疗保健具有公共产品的性质，相当大的一部分需要政府提供。当前，由于投入不足，农村居民的信息基础设施比较匮乏，农民群众看书难、看戏难、看电影难；道路建设不完善，通信设施如网络滞后，导致电脑和互联网在农村的需求还不够旺盛；新农村合作医疗制度虽然已经实行，但是仍然存在乡镇卫生院、村卫生室基础医疗设施短缺的问题，不利于维护农村居民的利益。所以，要加强农村信息基础设施建设，兴建图书馆、博物馆、戏剧院，加大对有线电视的投入，丰富农村居民的精神文化生活；同时，政府要充分动员地方农民、企业、银行等单位主体加强农村交通基础设施建设，改善农村的通信条件，加快农村邮政和网络基础设施建设；政府应加大对农村公共卫生和预防保健的财政支持力度，在乡村医疗机构兴建专门用房、购置必要设备，彻底解决贫困地区乡村医疗机构基础设施建设问题，以鼓励和吸引农民到乡镇卫生院诊治。总之，农村信息基础设施的发展，必然会促进农村居民潜在的信息消费需求向现实需求转变，推动农村居民信息消费的增加。

第三，积极完善农村信息服务体系。当前，农村居民获取信息的主要渠道是看电视以及相互之间的交流，电脑和网络并没得到充分利用。一个重要的原因是农村信息服务业滞后于电脑业和电信业，信息设备闲置，通信设施利用率低。因此，在完善信息基础设施条件的同时，应当积极完善农村信息服务体系，切实做好"家电下乡""宽带下乡""信息下乡"工作；提供适合农村信息消费特点和需要的信息消费品，比如提供农业科技、农业政策、农业市场、劳务用工、农产品市场等方面的信息；同时，要在保证质量的前提下降低信息产品和服务的价格，如降低电话费、手机话费、网络的使用费，这样不但可以促进手机、电脑等消费类电子产品在农村市场的消费，提升农村居民信息消费水平，还可以将农村低收入群体中潜在的消费需求挖掘出来；医疗单位要改进服务，加强自身人员素质修

养和专业技能，提高为参合农民服务的水平，给农民提供更方便快捷和人
性化的服务。

第四，完善信息消费环境。信息消费环境是指影响人类信息消费活动
的一切自然和社会因素的总和。当前，中国新型农村合作医疗制度才刚刚
起步，依靠国家政策的推动，还缺乏推行和立法的内在原动力。且大部分
农村居民都有被假农药、假种子、假化肥等虚假信息欺骗过的经历，给农
村居民带来了巨大的经济损失。而中国农村居民维护自身消费权益的能力
不足，这都会抑制农村居民的信息消费需求。因此，政府应着力于建立、
健全保障农村居民信息消费活动的相关法规，维护信息消费权益。加强对
信息行业的监管，规范经营行为，取消不合理收费，引导和刺激农村居民
扩大对电信、电脑、互联网的消费需求。总之，通过完善农村信息消费环
境，使得农村居民敢于消费，从而促进农村信息消费市场的扩大和快速
增长。

第五，建立健全农村社会保障体系。农村居民信息消费支出也受社会
保障制度的影响，由于中国农村居民收入不稳定，医疗、养老等社会保障
体系不完善，导致了农村居民信息消费需求不旺盛。要健全医疗保险、养
老保险等社会保障体系，增强农村居民消费的安全感，彻底消除农村居民
信息消费的顾虑；大幅度增加转移性收入，增加贫困家庭收入，一旦这部
分家庭收入提高，必将会释放出消费潜能，促进信息消费增加；对农村低
收入户子女上大学或职业学校，实行免学费并提供助学金的保障制度；完
善医疗保障体系特别是大力促进农村新型合作医疗制度建设，有效减轻农
村居民个人医药费用负担，对贫困人口取消起付线，提高报销比例，切实
改变贫困人群参合后仍然看不起病的现象。

第六，加强对农村居民信息消费的教育和引导，提高农村居民信息消
费能力。现阶段中国农村居民信息消费观念落后，获取信息的能力较低。
比如存在着"有病才能进医院"的传统观念，且由于大部分农村居民文
化知识水平较低，获取信息能力不高，如虽然有的农村居民能熟练地使用
电视、电话等基础信息设备，但对于多功能手机、互联网电脑等信息设备
还不能够熟练掌握，这导致农村居民不能准确获取所需信息，抑制了信息

消费的积极性。这就要求通过专家讲座、媒体宣传等形式普及日常医疗保健常识，培养农村居民健康的生活观念和生活方式，树立正确的健康观和科学的医疗保健消费观。政府和教育机构可以在农村进行教育和培训，开办免费的信息知识培训班，进行网络知识教育和计算机技术培训，提高他们的信息运用能力，既有利于农村居民享受科技信息产业的成果，也有利于农村居民掌握瞬息万变的市场信息，更好地投身于市场经济的大潮中去。

第十章 制约中国农村居民服务消费的因素与对策分析[*]

一 问题的提出与现有文献综述

服务消费包括金融、交通、信息、餐饮、住宿、美容美发、医疗保健、清洁卫生、家政、维修等。一个国家在物质产品比较丰富后，服务消费将成为该国经济发展的引擎。国内外对消费结构的研究颇多，但对服务消费的研究并不多见。中国对服务消费的研究主要集中在意义、特征等方面，对农村居民服务消费进行的研究较少。周晓斌于 2006 年通过大量实际数据的分析，揭示了服务消费支出比重及其增长速度的变化，与第三产业的发展和 GDP 增长的密切关系，阐明发展服务消费对经济发展的重要作用，并提出了扩大服务消费的对策建议。[①] 耿莉萍于 2007 年指出了居民家庭服务消费的特征，并对制约城镇居民家庭服务消费的因素进行了分析，最后对中国各类居民服务消费现状与发展趋势进行了说明。[②] 尹世杰于 2010 年首先说明了加强消费服务的作用，然后说明了中国当前消费服务的情况和问题，最后对如何加强消费服务进行了详细说明。[③] 柳思维、赵锋于 2010 年分析了中国当前农村消费服务发展的现状和主要问题，提出了加快发展农村公共服务、现代流通服务、商品消费服务、医疗保健服

---

[*] 本章节内容发表在《理论与现代化》2011 年第 6 期，在本书中作了修改。

[①] 周晓斌：《中国服务消费与国民经济发展关系研究》，《消费经济》2006 年第 1 期。

[②] 耿莉萍：《居民家庭服务消费的特征、制约因素与发展趋势分析》，《商业研究》2007 年第 2 期。

[③] 尹世杰：《关于加强消费服务的几个问题》，《消费经济》2010 年第 2 期。

务、农村金融服务以及农村法制服务等对策建议，以期进一步开拓农村消费市场，保障农民合法权益，促进城乡经济社会和谐发展。[①] 夏杰长、毛中根于 2012 年认为随着经济增长和城乡居民收入水平的不断提高，居民服务性消费取得了长足发展，中国已进入服务消费快速增长的黄金期。在工业化、城镇化快速发展时期，中国居民在服务方面的需求会进一步增强，可以预见，服务消费在居民总消费中的占比将会逐年提高，其优化消费结构和拉动内需的作用也将日益显现。根据国家"十二五"规划对服务业发展的构想，商贸服务、文化服务、旅游服务、家庭服务和体育服务有可能成为中国居民服务消费的重点领域。而服务消费的增长，既要依靠市场的自主培育，也需要政策的有序引导[②]。沈家文、刘中伟于 2013 年对于中国扩大居民服务消费的影响因素从经济结构因素、居民收入因素、产品价格因素、服务供给因素、消费政策因素五个方面进行了详细分析，提出了提高居民实际消费能力、持续提高公共服务水平、加强居民服务消费政策引导、深化服务业体制机制改革、理顺服务价格体系等政策建议[③]。服务消费是经济发展的火车头，要扩大农村居民消费，突破口在于发展农村服务消费。当前，在国家关注民生，研究中国农村居民服务消费问题，对于提高农村居民的生活质量，促进农村经济发展，乃至中国经济整体的发展都有重要的现实意义。

二　中国农村居民服务消费现状

（一）资料的选取

周晓斌在研究城镇居民服务消费时，把服务消费具体界定为：餐饮服务指居民在外用餐和饮食服务；衣着加工服务指居民服装衣料加工、洗涤

[①]　柳思维、赵锋：《新时期我国发展农村消费服务的对策研究》，《消费经济》2010 年第 2期。

[②]　夏杰长、毛中根：《中国居民服务消费的实证分析与应对策略》，《黑龙江社会科学》2012 年第 1 期。

[③]　沈家文、刘中伟：《促进中国居民服务消费的影响因素分析》，《经济与管理研究》2013年第 1 期。

等相关服务（不含衣料购买费用）；居住物业服务指房屋购买以外的水电燃料和物业管理等相关服务；家庭设备及服务指家庭设备用品购买以外的维修保养及家务等服务；医疗保健与交通通信全部视为服务消费；文化教育娱乐服务是指除耐用品购买以外的相关服务；其他服务则指前七种服务未列入的所有其他服务。他把这七项加总得到中国城镇居民家庭平均每人每年服务消费支出。① 耿莉萍在研究城镇居民服务消费时，把中国城镇居民饮食服务、医疗服务、交通与通信、文化娱乐服务、教育、居住服务费等数据相加得到城镇居民年人均服务消费金额。② 以上两位选用的服务消费资料中医疗保健、文教娱乐、交通通信这三项在服务消费中所占比重较大，鉴于数据的可得性，本书主要以2004—2012年《中国农村住户统计年鉴》中医疗保健、文教娱乐、交通通信这三项资料的数据以及其他服务消费的数据来说明中国农村居民服务消费的现状以及存在的问题，在此基础上，笔者提出制约农村居民服务消费支出的因素，并提出进一步扩大农村居民服务消费的对策。

（二）中国农村居民服务消费现状

如表10—1所示，随着中国农村居民消费结构的升级，服务消费支出也不断增加，从2003年的565.7元上升到2012年的1641.3元，增长了1.9倍。中国农村居民服务消费中的人均年医疗保健支出从2003年的115.75元增加到2012年的513.81元，增长了3.4倍；交通通信从2003年的162.53元增加到2012年的652.79元，增长了3.0倍；文教娱乐从2003年的235.68元增加到2012年的445.49元，增长了89个百分点。具体来看，随着交通通信支出的增加，摩托车日益普及，农用汽车、小轿车也开始进入农村居民家庭。摩托车从2003年的平均每百户31.8辆上升到2012年的62.2辆。生活用汽车从2003年的平均每百户0.5辆上升到2012年的6.6辆。移动电话从2003年底的平均每百户23.7部上升到

---

① 周晓斌：《我国服务消费与国民经济发展关系研究》，《消费经济》2006年第1期。
② 耿莉萍：《居民家庭服务消费的特征、制约因素与发展趋势分析》，《商业研究》2007年第2期。

2012 年底的 197.8 部。从文教娱乐来看，彩色电视机、照相机在农村的拥有量不断提高，彩色电视机、照相机分别从 2003 年的平均每百户 67.8 台、3.4 台上升到 2012 年的 116.9 台、5.2 台。CD、VCD、DVD 等产品也成了农村居民日常娱乐之用品。农村居民在服务消费方面不但绝对支出增加，相对支出也不断增加，如表 10—2 所示，医疗保健支出比重从 2002 年的 5.96% 上升到 2012 年的 8.70%，说明农村居民在物质需求得到满足后，开始注重身体健康。交通通信支出比重从 2003 年的 8.36% 上升到 2012 年的 11.05%，说明农村居民注重出行与交流的便利。文教娱乐呈现逐年下降趋势，从 2003 年的 12.13% 下降到 2012 年的 7.54%，说明中国在农村实施的九年义务教育成效显著，教育费用不断下降。

表 10—1		中国农村居民服务性消费支出				单位：元/人
年份	纯收入	消费支出	服务性支出	服务性支出比重	医疗保健	交通通信	文教娱乐
2003	2622.24	1943.30	565.7	29.1%	115.75	162.53	235.68
2004	2936.40	2184.65	620.3	28.4%	130.56	192.63	247.63
2005	3254.93	2555.40	756.5	29.6%	168.09	244.98	295.48
2006	3587.04	2829.02	866.7	30.6%	191.51	288.76	305.13
2007	4140.36	3223.85	950.3	29.5%	210.24	328.40	305.66
2008	4760.62	3660.68	1042.4	28.5%	245.97	360.18	314.53
2009	5153.17	3993.5	1155.9	28.9%	287.54	402.91	340.56
2010	5919.01	4381.8	1261.7	28.8%	326.04	461.10	366.72
2011	6977.29	5221.1	1408.2	27.0%	436.75	547.03	396.36
2012	7916.58	5908.0	1641.3	27.8%	513.81	652.79	445.49

资料来源：主要根据《中国农村住户调查年鉴》、《中国住户调查年鉴》相关各年中的数据整理而来。

中国农村居民服务消费支出在不断增加的同时，也存在一些问题，表现在当前农村居民的服务消费支出在消费支出中的比重较少。如表 10—2 所示，中国农村居民服务消费支出比重呈下降趋势，从 2003 年的 29.1%

下降到 2012 年的 27.8%，下降了 1.3 个百分点。2003 年，医疗保健、交通通信、文教娱乐这三项支出在消费支出中的比重为 26.45%，但 2013 年这三项支出在消费支出中的比重为 27.29%，10 年间只上升了 0.84 个百分点。就医疗保健来说，农村居民依然是"小病扛，大病躺"，除非万不得已不去医院，更谈不上对保健方面的支出了。交通通信方面，骑自行车依然是农村居民最重要的交通方式，2012 年农村居民家庭平均每百户拥有的计算机数量只有 21.4 台，电话机只有 42.2 部，摩托车只有 62.2 辆，数量较少。就文教娱乐来看，农村居民在闲暇时间里，娱乐方式还比较单一，主要是看电视、吃喝、打牌等消遣方式。

表 10—2　　　　　　农村居民服务消费支出比重　　　　　（单位:%）

年份	商品性支出比重	服务性支出比重	医疗保健	交通通信	文教娱乐
2003	70.90	29.1	5.96	8.36	12.13
2004	71.60	28.4	5.98	8.82	11.33
2005	70.40	29.6	6.58	9.59	11.56
2006	69.40	30.6	6.77	10.21	10.79
2008	71.50	28.5	6.72	9.84	8.59
2009	71.10	28.9	7.20	10.09	8.53
2010	71.20	28.8	7.44	10.52	8.37
2011	73.00	27.0	8.40	10.50	7.60
2012	72.20	27.8	8.70	11.05	7.54

资料来源：主要根据《中国农村住户调查年鉴》、《中国住户调查年鉴》相关各年中的数据整理而来。

三　制约中国农村居民服务消费支出的因素

制约中国农村居民服务消费支出的因素很多，不能一一详述，本书特选取主要因素进行分析。

第一，农村居民收入水平和社会保障制度。按照凯恩斯的绝对收入假说，消费是收入的函数，即居民的消费支出与收入之间存在着稳定的函数关系。服务消费是无形产品，与有形产品一样，收入是影响其消费支出的最主要因素。当前中国农村居民服务消费需求不旺，一个重要的原因是农村居民收入需要进一步提高。虽然中国农村居民家庭人均年纯收入从2003 年的 2622.2 元增加到 2012 年的 7916.58 元，但中国农村居民收入的差距依然明显，尤其是中、西部地区的农村居民，收入依然低下。2012年中国东、中、西部农村居民人均纯收入比为 1.79∶1.23∶1，这就限制了农村居民消费结构的升级以及服务消费需求的提高。按新的国家扶贫标准农民人均纯收入 2300 元（2010 年不变价）测算，2012 年全国农村贫困人口为 9899 万人，这部分农村居民，连基本的生活需求都得不到满足，高层次的服务消费需求因无支付能力就更得不到满足了。虽然农村居民服务消费支出较低，但储蓄较高，根据莫迪利安尼的生命周期假说，人们储蓄是为了熨平生命全程中的消费波动，如果社会保障体系健全，储蓄会减少。虽然中国在农村已经建立了社会保障制度，但尚不完善，即使农村居民收入增加，在农村居民面临着医疗、养老、教育等方面负担的情况下，也会影响农村居民的消费信心，减少不必要的消费，而最先减少的必然是服务消费，从而影响服务消费的增长。

第二，服务消费的价格。影响消费支出的首要因素是收入，价格是影响消费支出的另一个重要因素。与生活必需品相比，服务消费属于发展型、享受性消费，是较高层次的消费，故需求价格弹性较大，即中国农村居民服务消费的多少对价格反应比较敏感，服务消费价格的小幅度变动会引起服务消费需求量较大幅度的变动。当前农村服务消费价格较高，如新农村合作医疗制度的实施，降低了农村居民的医疗风险，但新农合仅在大病时提供一部分住院和治疗费用，门诊保障和疑难重病还没有纳入其中，且有的新农合医疗点，医疗费用不透明，导致医疗费用虚高，这都导致了农村居民对医疗服务需求的下降；面向农村居民的农用汽车、家用汽车、电脑、电话费、上网费用还比较高。据 2014 年 1 月第 33 次中国互联网发展状况统计报告，截至 2013 年 12 月，中国网民中农村人口占比 28.6%，规模达 1.77 亿，"农村上网成本相对于农民的收入水平仍较高"是最重要的原因之一；尽管农村义务教育阶段的学杂费已免除，但高中、大学阶段学、食、宿费用支出较大，甚至超过农村居民家庭收入水平的几倍。较高的服务消费价格使农村居民望而却步，影响到农村居民服务消费需求的提高。

第三，农村服务消费供给缺乏。一些服务消费的供给在农村是缺失的，随着大量的青壮年农村居民外出创业、打工，留守在农村的大部分是老人和小孩，这就需要幼儿园和保姆提供照看孩子与老人的家政服务，但农村幼儿园尚少，家政公司也非常缺乏。对农村服务消费的供给有两个主体，一个是政府，另一个是市场。政府在农村提供的服务消费称为农村公共服务，主要包括基础教育、基础设施、公共卫生、社会保障、基层科技文化服务和农村金融服务等。当前，虽然中国农村基础教育、基础设施等的供给已得到改善，但仍显滞后。就医疗保健来说，医疗设施简陋，业务用房、设备配置少，2012 年村卫生室 65.3 万个，乡镇卫生院 3.7 万个，床位 109 万张，相对于农村居民来说尚显不足，且多地农村居民无医疗保健设施和场所；文教娱乐设施匮乏，农村居民看书难、看戏难、看电影难；农村道路建设的不完善，通信设施如网络的滞后，使电脑和互联网在农村的需求还不够旺盛。"农村互联网相关基础设施薄弱，公共上网资源匮乏"是中国农村网民普及率低下的最重要的原因之一；大型农贸市场等准公共服务建设也不健全，与农村居民聚居区较远，消费不便利。此外，另一主体市场提供的网上购物、订票、游戏等服务、各种信息服务、与饲养宠物有关的服务、汽车租赁服务、美容健身服务等也较少。尽管农村居民的收入已经达到了进入服务消费的层次，而且也普遍有着消费的意愿，服务消费供给的不足必然抑制农村居民服务消费需求的迸发。

第四，服务质量不高。服务消费的是服务，服务需要质量，服务质量的优劣会决定农村居民对服务消费需求的多少。如前所述，当前农村服务消费价格较高，按照市场价值规律，较高的价格应该对应较高的质量，但现实情况是服务质量并不高。表现为农村大多数服务人员学历低下，通过培训而持证上岗的人员较少，没有掌握较强的服务专业技能。当前，中国乡村医生学历层次低，这样的人才结构必然导致医疗服务人员业务能力不足；农村教师数量少，一些地区的农村还存在大量的代课教师，且教师队伍整体素质水平还有待提高；耐用品消费中还存在售后服务不到位的情况，影响了农村居民对耐用品的消费支出；室内装修服务存在使用劣质建材的现象，影响了农村居民的身体健康；餐饮服务中还存在卫生差、无证无照或证照不全的问题；虚假广告在农村也比较盛行，欺骗了不少农村居民；中国农用生产技术服务能力还无法满足广大农村消费者对农用生产技术服务的需求。就农用生产技术服务来说，存在以下几个方面的主要问题，一是提供技术服务和指导不及时耽误农时；二是提供技术服务后收费较高，农村消费者难以承受；三是服务人员技术水平低，难以有效解决问题。农村服务质量低下与缺乏有效的监管体制有关系，有些管理部门监管不到位，甚至缺失，导致了服务质量的低劣。总之，服务质量的低下无法燃起农村居民对服务消费的热情，限制了农村居民服务消费的提高。

第五，农村居民服务消费观念落后。中国农村居民服务消费较少，与落后的服务消费观念不无关系。由于受科学文化素质落后的限制，农村居民还没有形成现代化的消费观念，对服务消费的重要性认识不足，"花钱买健康、买享受"的理念尚未形成。千百年来形成的自给自足的消费观念根深蒂固，还没有形成消费信贷思想，举债只是在不得已情形下的救急措施。且主要是向亲戚朋友借，向银行借款少之又少。所以，如果让农村居民接受一些现代的服务消费如旅游消费、与饲养宠物有关的服务、汽车租赁服务、美容健身服务就非常困难了，再让农村居民借钱进行服务消费那更是难上加难。供给会诱导需求，但需求也会带动供给，很多的服务消费是在人们的强烈需求下产生的，落后的服务消费观念导致农村居民对服务消费需求的滞后，也使农村的服务消费市场还比较狭窄。

第六，农村居民服务消费环境差，维权困难。当前，农村服务消费市场秩序还比较混乱，坑蒙拐骗、欺行霸市、强买强卖等不正当交易和竞争行为依然存在，假冒伪劣商品依然猖獗，这导致农村居民在进行服务消费的过程中，权益会经常受到侵害。在监管相对严格的城市尚存在注水猪肉的困扰，何况在管理上更加松散的农村？虽然近年来通过对农村居民进行法制宣传和教育，一些法律法规在农村得到了普及，"法盲"减少了，维护自身权益的意识增强了，但由于中国关于服务消费的法律、法规不健全，导致农村居民维权难，从而导致农村居民即使有钱也不敢进行某些服务消费，比如对耐用品的消费，大大压抑了农村居民服务消费的积极性，影响了农村居民服务消费需求的增长。

四　增大中国农村居民服务消费支出的对策

第一，提高农村居民收入、完善农村社会保障制度以增强农村居民服务消费能力。根据实证分析可知，医疗保健、文教娱乐、交通通信的弹性都大于0，说明如果收入增加，将会增加对各类服务的消费。所以，为了增加农村居民服务消费支出，就要增加农村居民收入，缩小农村居民的收入差距。中国政府高度重视农村居民收入问题，且在实践上通过一系列措施，比如通过发展现代农业、加快新农村建设来努力提高农村居民收入，已有成效。笔者以为，当前重点是千方百计提高中、西部地区农村居民的收入，这一部分农村居民服务消费需求的释放必然会大大提高农村居民的消费水平；同时，要完善农村社会保障制度，实现农村基本养老、基本医疗保障制度的全覆盖，从而稳定农村居民的预期，增加农村居民当前消费的信心，增加服务消费；也要增加对贫困线以下人口的转移支付，提高其消费能力。随着农村居民收入的稳步提高，收入差距的缩小以及社会保障制度的完善，农村居民服务消费支出在消费支出中的比重就会越来越高。

第二，降低服务消费价格。按照经济学的需求原理，商品或服务的价格越高，对其需求量越低。所以，要扩大农村居民服务消费支出，就要逐渐降低服务消费的价格。对医疗保健来说，要让医疗费用透明，尽快建立科学合理的医药价格形成机制，规范医疗服务价格管理；要理清不利于农村教育消费的一切收费，降低农村学生高中和大学教育阶段的学费。对农村低收入户子女上大学或职业学校，实行免学费并提供助学金的保障制度；同时，在这些公共服务领域，要引入竞争机制，比如固定电话，鼓励私人企业进入，促进公平竞争，从而降低服务消费价格，增强农村居民福利；对面向农村居民的汽车、电脑、网络通信等，实行政府补贴等手段，降低农村居民支付的价格，促进农村居民服务消费的增加。服务消费价的下降对农村居民的意义非同寻常，比如网络费用的下降，会刺激农村居民通过网络致富，且根据杜森贝里相对收入假说，消费具有示范性，这会引致更多的农村居民上网，从而会刺激农村电子商务的发展，形成收入增加—消费增加—经济发展的良性循环。

第三，政府和市场"两只手"共同作用，增加对农村服务消费的供给。当前，在农村经济尚不发达时期，服务消费供给的主体应该主要是政府，且农村居民消费结构正处于升级的关键时期，公共服务的供给显得尤为重要。政府应继续加强对农村公共服务的供给，包括改善农村水电、道路、邮政、通信、医疗、信息、环保、网络等公共设施；增加医疗保健设备、住房的配备，在农村修建医疗保健场所，添置医疗保健器材；增加现有学校的教学器材，兴办幼儿园、图书馆、电影院、广播站；在农村居民聚集区，兴建农贸市场等大型购物区，为农村居民对服务消费的需求提供便利。市场作为农村服务消费的另一供给主体，应根据各地农村的实际情况，因地制宜地发展餐饮业、连锁店、超市；适应中国农村中留守老人和儿童比较多的情况，发展家政服务业，为老年人及儿童的身心健康服务；在有条件的农村发展家庭理财、旅游，使农村居民享受现代服务业提供的服务。对于市场向农村居民提供的服务消费供给，政府可提供各种优惠措施，引导社会资金进入。总之，通过政府与市场提供农村服务消费，不但利于农村居民增加服务消费，而且可以优化农村居民消费结构，提高消费水平。

第四，提高服务质量。为了扩大农村居民的服务消费，必须提高服务质量。而要提高服务质量，就要加强对服务人员的教育、培训与监管。通过教育使服务人员形成良好的价值观，树立为农村消费者服务的思想，把"顾客是上帝"这一思想落实到行动中去；要对分布在农村各个领域的服务人员进行培训，以适应农村居民对服务消费的需要。如加强对农村医疗保健从业人员的培训，提高他们的业务能力，也可通过物质奖励的方法鼓励城市医德、技能、口碑好的医疗保健人员定时为农村居民提供医疗保健服务，提高农村医疗保健服务质量；除了培训，也要加强对农村服务人员的培养，一些现代服务业如电子商务、金融保险、物流、家庭理财等服务行业需要的智力型人才，必须通过培养和从城市引进的方法才可以得到；最后，要加强对农村服务业的监管，坚持农村服务人员持证上岗，严格把关，加强对日常生活消费品和农用生产资料品质的检验，严厉打击假冒伪劣商品经营者，以保证服务质量。只有提供高质量的服务，才能扩大农村居民对服务消费的需求。

第五，加强消费教育，转变农村居民服务消费观念。鉴于农村居民服务消费观念的落后和对服务消费重要性认识的不足，要通过各种方式引导农村居民形成合理的服务消费观念，提高农村居民消费素质和能力。首先，要结合农村实际，采取农村居民喜闻乐见的方式进行宣传教育，使农村居民认识到服务消费对于提高生活质量的意义；其次，要通过宣传消费信贷的政策、具体内容使农村居民认识到消费信贷的优点，让农村居民树立敢于借钱消费的观念，即树立信用消费的观念。当然，让农村居民完全接受消费信贷去进行服务消费并非一蹴而就，需要长期的过程。再次，面向农村居民的金融机构要认真研究现阶段农村居民服务消费的特点，创新消费信贷品种，发展教育、彩电、冰箱、电脑、农用车辆、家用汽车、住房、医疗、手机等信贷。通过发展消费信贷，不仅在短期内可以起到刺激农村居民提高服务消费需求的目的，而且在长期内，还有利于农村居民科技教育水平的提高。相信随着消费观念的改变，服务性消费支出必然会成为农村居民消费的新亮点。

第六，完善有关服务消费的法规，维护农村消费者权益。为了维护农村居民服务消费的正当权益，要完善农村服务消费的法规，整顿农村市场秩序，把服务领域的消费维权与促进农村消费服务的发展紧密结合起来。当前，维护消费者权益的法律是《消费者权益保护法》，但其所覆盖的范围需要进一步拓宽。应当制定专门的关于服务消费的法律法规，使农村居民服务消费权益受到侵害时能有法可依；对违反法律法规的服务消费供给者，要做到执法必严、违法必究，坚决维护公平竞争的农村市场环境；鉴于农村居民居住分散，且居住地离乡镇执法机构较远的特点，执法部门要加强对农村服务消费市场的监管，要在各农村交易市场设立消费者投诉联络站，在接收到投诉后，要立即进行调查取证，简化程序，提高为农村居民办事的效率。这一方面可以为农村居民进行服务消费创造良好的环境，另一方面也可以促使服务消费的供给者遵纪守法，更好地为农村居民提供优质的服务。

第十一章 中国农村居民互联网消费需求的经济学分析[*]

一 问题的提出与现有文献综述

在这信息时代，使用互联网的居民呈高速增长趋势，这种特征在城镇尤为明显。农村市场被称为一粒埋在土里的珍珠，如何让这颗珍珠大放异彩，需要多种方法，互联网即是其中的方法之一。互联网对农村经济的重要作用不可低估，农村居民使用互联网就相当于为农村居民打开了一扇窗，有利于农村居民了解外面的世界，了解中国的大政方针、企业动态、市场信息，为农村产品的生产、销售指明了方向；有利于增加农村居民的收入，推动中国经济的发展。当前学术界对农村互联网的研究有的是从信息角度进行的，孙晓薇于 2008 年首先分析了新农村网络信息化的发展现状，然后指出了新农村网络信息化建设存在的问题，最后提出了新农村网络信息化建设的对策。[①] 有的是从网络消费角度进行研究的，张少峰于2011 年对农村消费市场进行调查发现，在拉动内需，刺激农村消费方面，农村网络消费市场具有巨大的潜力，通过基于消费者行为的视角对相关现象进行跟踪和解读，对相关现象进行了深入研究。[②] 也有从提高农村互联网普及率角度进行分析的，李素萍于 2011 年对当前农村使用计算机和普及互联网的问题进行了探讨，提出了加快基础设施建设、丰富信息内容、

---

* 本章节内容发表在《商业时代》2011 年第 20 期，在本书中作了修改。
① 孙晓薇：《论新农村网络信息化建设》，《中州学刊》2008 年第 5 期。
② 张少峰：《农村网络消费市场分析——基于消费者行为的视角》，《生产力研究》2011 年第 3 期。

提升农民使用互联网的技能等建议。[①] 本书从经济学角度对农村居民互联网的使用状况进行分析说明，以期能促进农村互联网的发展，进而推动新农村建设进程。

二　中国农村居民互联网消费现状

中国有据可查的农村互联网网民规模的数据来自于 2005 年末，如表 11—1 所示，截至 2005 年 12 月 31 日，中国农村网民人数为 1931 万人[②]。随着农村居民人均年纯收入的提高和互联网基础设施的不断完善，农村网民规模呈现稳健增长的势头，2009 年 12 月底，突破一亿大关，达到 1.0681 亿，此后又不断增加，截至 2013 年 12 月，中国网民中农村人口占 28.6%，规模将近 1.77 亿，相比 2012 年增长 2096 万人。与此同时，农村互联网普及率也不断提高，从 2005 年的 2.6% 提高到 2013 年的 27.5%。农村网民中男性所占比重较高，2013 年农村网民中男性比例为 56.9%，女性为 43.2%，男性比女性高出 13.7 个百分点。农村网民以娱乐为主，听音乐、观看网络视频、打网络游戏以及进行网络聊天是农村居民使用网络的主要项目。网络购物和网络银行也得到了发展，2013 年底，中国农村网民网络购物使用率为 31.1%，网上银行使用率为 25.4%，网上支付的使用率达到 25.7%。搜索引擎和新闻浏览也已使用，截至 2013 年 12 月，中国农村搜索引擎用户规模为 1.25 亿，较 2012 年底增长了 1051 万人，年增长率为 9.2%，在农村网民中的使用率达 70.5%. 就上网地点来说，家庭对农村居民日益重要，农村网民在家上网的比例呈逐年增长趋势，在网吧比例呈逐年下降趋势。2007 年 6 月，农村网民中经常在网吧上网的网民比例超过一半，为 53.9%。2013 年 12 月底，农村网民家里上网比例为 89.2%，比例最

---

① 李素萍：《提高农村网络普及率之我见》，《农村经济与科技》2011 年第 5 期。
② 文中数据，如无特别注明，均来自中国互联网络信息中心《中国互联网络发展状况统计报告》和《农村互联网发展状况调查报告》，http://www.cnnic.cn/research/zx/qwfb/，2006.1 – 2014.5。

高；单位上网比例位居第二，为 24%；其次是网吧上网，占比为 22%。
农村网民上网时长也在不断增加，从 2006 年 12 月的 13.2 个小时/周，
提高到 2012 年底的 21.5 小时/周。手机上网用户也不断增加，截至
2013 年 12 月，农村网民手机上网规模已达到 1.49 亿，使用手机上网
的比例已达到 84.6%，高出城镇 5 个百分点。虽然中国农村居民互联
网使用取得了一定成就，但也存在一些问题。农村网民数量不但与城镇
居民有很大差距，，且农村网民占整体网民比重上升缓慢，从 2008 年的
28.4% 上升到 2012 年的 28.6%，只上升了 0.2 个百分点。2010 年 6 月
与 12 月农林牧渔劳动者占网民比重分别为 4.7%、6%，2013 年 12 上
升为 6.6%，只上升了 0.6 个百分点。农村居民上网尚不方便，在网吧
上网的比例过高；农村网民结构尚不合理，主要表现在网民年龄小、学
历低、学生多。2013 年底，农村网民中 30 岁以下群体所占比例高达
59.3%，其中 19 岁以下年轻网民所占比重达 27.3%，学生群体所占的
比例高达 22.6%，初中及以下学历的群体比例为 62.7%，高于城镇网
民 21.7 个百分点。不合理的网民结构导致上网目的以娱乐为主，把网
络作为生产和生活工具用途的较少。网络购物在农村发展较慢，网络银
行与城镇相比也差距较大，搜索引擎在农村的使用率还不高。

表 11—1　　　　　　　　　中国城乡网民状况

项目 年份	农村网民数量（万人）	城镇网民数量（万人）	全国网民总数（万人）	农村网民占整体网民比重（%）	农村互联网普及率（%）	城镇互联网普及率（%）
2005.12	1931	9169	11100	17.4	2.6	16.9
2006.12	2311	11389	13700	16.9	3.1	20.2
2007.6	3742	12458	16200	23.1	5.1	21.6
2007.12	5262	15738	21000	25.1	7.1	27.3
2008.12	8460	21340	29800	28.4	11.7	35.2
2009.12	10681	27719	38400	27.8	15.0	44.6
2010.6	11508	30492	42000	27.4	4.7	—
2010.12	12500	33200	45700	27.3	6.0	—
2011.6	13100	35400	48500	27.0	5.3	—

续表

项目 年份	农村网民 数量（万人）	城镇网民 数量（万人）	全国网民 总数（万人）	农村网民占 整体网民比重 （%）	农村互联网 普及率 （%）	城镇互联网 普及率 （%）
2011. 12	13600	37710	51310	26. 5	4. 0	—
2012. 12	15566	40834	56400	27. 6	23. 7	59. 1
2013. 12	17662	44095	61757	28. 6	27. 5	62

资料来源：主要根据《中国互联网网络发展状况调查报告》相关各年中的数据整理而来。

注：2010.6、2010.12 以及 2011.12 农村互联网普及率数字是指互联网用户中农、林、牧、渔业用户所占比重。2011 年 6 月互联网普及率数字是指互联网用户中农民用户所占比重。

三　制约中国农村居民互联网消费需求的因素

第一，农村居民的低收入水平降低了互联网需求能力。对互联网的需求与对其他有形物品一样，取决于消费者的收入水平，农村居民对互联网的需求也取决于收入水平。2005 年以来，中国农村居民人均年纯收入不断提高，但比起使用互联网所需要的硬件设备的高价格而言就显的不足了。电脑是农村居民使用互联网最重要的设备，国家实施的"家电下乡"政策为农村居民购买电脑提供了优惠途径，但作用有限。电脑对农村居民而言仍然是奢侈品，表现在农村每百户电脑拥有量缓慢增加，如表 11—2 所示，从 2005 年的 2.10 台增加到 2012 年的 21.4 台。较少的电脑拥有量限制了农村居民对互联网的使用，影响了农村互联网普及率的提高。中国农村居民互联网的接入方式常用的是 ADSL 接入，这就要求除了电脑以外，还需要固定电话。农村居民每百户电话机从 2005 年的 58.37 部提高到 2010 年的 60.76 部后又不断下降，2012 年下降为 42.2 部，没有达到每家每户一部固定电话。固定电话的使用与否也与农村居民的收入密切相关，在有限的收入下，农村居民为了节省开支必然会限制固定电话的安装、使用。农村居民收入水平的低下不但导致上网设备匮乏，制约了网络硬件设备的更新，且网络接入费用和使用价格较高，这都限制了农村居民对互联网的需求。

表11—2　中国农村居民家庭年底平均每百户主要耐用消费品拥有量

年份 项目	2005	2006	2007	2008	2009	2010	2011	2012
年纯收入（元）	3254.93	3587.04	4140.36	4760.62	5153.17	5919.01	6977.29	7916.58
电话机（部）	58.37	64.09	68.36	67.01	62.68	60.76	43.1	42.2
移动电话（部）	50.24	62.05	77.84	96.13	115.24	136.54	179.7	197.8
家用计算机（台）	2.10	2.73	3.68	5.36	7.46	10.37	18	21.4
彩色电视机（台）	84.08	89.43	94.38	99.22	108.94	111.79	115.5	116.9

资料来源：主要根据《中国统计年鉴》相关各年中的数据整理而来。

第二，农村居民互联网意识淡漠，对互联网的重要性认识不足。农村居民由于地理位置偏远，消息不灵通，故互联网对于中国大多数农村居民来说，是一个新鲜事物，大多对其知之甚少。虽然随着互联网在农村普及率的不断提高，农村居民对互联网的使用也越来越广泛，对互联网有了进一步的认识，参与互联网的意识开始增强。但由于受传统农业生产模式的影响，且由于缺乏广泛的宣传，农村居民没有认识到互联网在改变自身经济地位、促进生产、提高收入、加强与外部联系的重要作用。当前，互联网对农村经济的正面作用还没有显现出来，这些都导致了农村居民的互联网意识淡漠，没有主动学习的意识，且在实际生活中，由于物流等方面的原因，大部分农村居民没有切身感受到互联网带来的实惠，只看到互联网的负面影响，故对互联网还比较抗拒，这使得有的农村居民即使有电脑，也只是把其看做高档消费品，当成炫耀身份地位的物品，没有将其作为谋生的手段，还没有形成对互联网的正确认识。

第三，农村互联网相关基础设施薄弱。互联网具有准公共产品的性质，使用互联网离不开基础设施，互联网基础设施是农村居民普及互联网的前提条件。近年来，虽然在"村村能上网""乡乡能上网"等政策和企业扶持下，中国农村互联网相关基础设施有了一定改善，但乡村网络基础设施仍然非常薄弱，投入总量不足，供给能力滞后，公共上网资源匮乏。一些偏远的农村地区还没有铺设网络，使这些地区的农村居民由于没有网络接入条件而无法上网。一些已接入互联网的农村地区，电信居于垄断地位，且带宽有限，网速不高，维修、投诉等配套服务不全面，影响了农村居民使用互联网的积极性。在一些落后的农村地区，由于家庭电脑较少，学校、网吧成为上网的主要场所，学校的上网设备少，更新慢，配置也较低。网吧不但数量少，且这些地方由于缺乏监督，导致上网条件较差。农村手机上网增加，农村居民平均每百户移动电话从 2005 年的 50.24 部提高到 2012 年的 197.8 部，但无线接入基础设施要进一步加强。总之，薄弱的互联网基础设施制约了农村居民对互联网的参与。

第四，农村网民缺乏互联网应用教育，应用技能低。中国有的农村居民虽然有使用互联网的意愿，渴望通过互联网改变自身的处境，但由于文化素质不高，接受互联网的相关教育少，网络知识贫乏，不知道在网上如何发布产品信息，限制了对互联网的使用。且已会使用互联网的农村居民互联网使用深度浅，使用搜索引擎、网上教育、网络银行、网络购物的较少，浏览新闻的不多。农村居民上网偏重于网络视频、网络游戏、网络音乐等娱乐功能，单纯使用这些娱乐功能会阻碍农村经济的进一步发展。且农村网民中学生所占比例较大，尤其是一些未成年学生对网络的使用以聊天、游戏为主，在影响学业的同时也产生了许多社会问题。迫在眉睫的问题是，由于家长互联网知识的缺乏，无法对孩子伸出援手，所以，加强农村居民互联网应用教育，提高应用技能异常重要。

第五，互联网涉农内容不足。互联网信息量大、内容全面、更新及时，为农村居民获取信息提供了一条便捷的渠道。当前，虽然中国已经建立了很多农业网站，但还处于起步阶段，存在着种种不足，距离农村居民的需求还远远不够。主要表现在更多的网站内容是针对城市居民的需求而设置的，农业网站总体规模较小，关于农业方面比如市场供给、产品信息发布、决策参考、价格预测等关系农村居民切实利益的内容少。一些农业网站内容与实际脱钩，即缺乏实用性和易用性。有的农业网站充斥着虚假广告等不良信息，损害了农村居民的利益。且农业网站交叉重复多，特色信息少。涉农网站内容的不足制约了农村居民对互联网的需求。

四　促进中国农村居民互联网消费需求的建议

第一，提高农村居民收入水平，增强互联网需求支付能力。为了提高农村居民互联网需求支付能力，必须提高农村居民的收入水平。在提高农村居民收入水平的同时，应切实落实"电脑下乡"优惠政策，对电脑的质量严格把关，要做到配置实用，价格实惠，以满足农村居民当前收入条件下对电脑的需求，使农村居民买得起电脑，为使用互联网提供前提条件。就固定电话来说，要取消初装费和月租费。为了让农村居民用得起互联网，还需要通过各种途径降低互联网接入费用和使用费用。政府要通过税收减免和信贷支持等优惠政策，鼓励设备制造商、软件开发商、互联网运营商为农村居民服务。互联网设备制造商要针对农村地区的特殊情况，制造出适合农村居民的互联网设备；软件开发商要研发出利于农村居民上网用的软件；互联网运营商要制定合理的业务收费标准，惠及每位农村网民。

第二，对农村居民进行宣传，改变农村居民传统的互联网观念，增强使用互联网意识。为了让农村居民转变观念，变被动为主动，进行深入人心的互联网宣传非常必要。要通过电台广播、报纸等媒介大力宣传互联网在促进农村经济发展中的重要作用，开阔农村居民的视野，改变农村居民的传统观念，使农村居民认识到使用互联网的重要性，并能有主动使用互联网的意识。农村居民的彩电拥有量大幅增加，从 2005 年底平均每百户 84.08 台提高到 2012 年底的 116.9 台，所以，电视可以成为农村互联网宣传的一条重要渠道。为了使更多的农村居民参与到互联网中去，还要通过"送网下乡"，帮助农村居民在网上销售农产品，让农村居民亲身体会到使用互联网带来的好处，感受科技兴农的巨大威力，使农村居民能把互联网和改善自身处境紧密联系起来。只有千方百计增强农村居民使用互联网的意愿，农村居民才会积极参与到互联网使用的队伍中去。

　　第三，加强农村互联网基础设施建设。加强互联网基础设施建设，不但需要政府加大投入的力度，也需要企业有长远目光，积极参与到互联网基础设施建设中来。为了加强农村互联网基础设施建设，要从网络接入条件、上网场所等方面努力。首先，要完善农村网络接入，提高农村互联网服务能力。各互联网运营商要提高网速，加强互联网在运行过程中的维修、投诉服务，保证维修、投诉及时处理。其次，政府和企业要增加上网点，加强对单位、学校、网吧等公共上网场所的建设，改善公共场所上网条件。就网吧来说，要改善上网条件，更新设备配置，加强网吧的安全。学校要及时增添更新互联网设备，满足中、小学生上网需要。再次，针对农村居民对手机上网的偏好，做好相应的配套服务，加强农村无线接入的基础设施建设。各运营商要为农村手机上网提供优质服务，推动农村网民的新一轮增长。最后，要多渠道筹集互联网基础设施建设资金。政府要加大财政支付力度，企业要通过村企合作的形式注入资金，农户自主筹集，只有充裕的资金，才能为农村互联网基础设施的建设创造条件。

　　第四，加强农村互联网应用教育和培训，提高农村居民互联网应用能力。农村居民受教育能力较低，互联网应用能力较差，加强对农村居民互联网应用的教育和培训显得刻不容缓。首先要通过学校教育，学校教育的对象是广大的农村中、小学生，他们是农村互联网的未来。所以，要在中、小学校开办互联网课程，使其掌握使用互联网的技能，并能利用互联网进行学习。其次，对于已购买电脑但尚不会使用互联网的农村居民，要通过各种方式对其进行电脑和互联网知识培训，使农村居民会熟练操作电脑，为互联网的使用破除技术门槛。对已有大学生"村官"的地区，这些"村官"可以成为农村普及电脑和互联网知识培训的中坚力量。也可以请计算机专业人员来对农村居民进行培训，广播、墙报、黑板报、图书室等也是重要途径。最后，对于已经使用互联网的农村居民，要加强互联网应用教育，引导农村居民由娱乐向商务转型，教会农村居民查找政策法规、农业科技、市场供求、价格行情等信息，并能在互联网上发布农产品信息，出售农产品和购买原材料，这就要让农村居民会使用搜索引擎、网上银行、网上购物、网络求职等互联网应用知识，从而提升互联网应用价值。

　　第五，完善农村互联网涉农内容建设。为了刺激农村居民扩大互联网需求，完善农村互联网涉农内容的建设就显得刻不容缓。首先要解决农村居民农产品市场信息问题，要通过各种方法帮助农村居民在网上发布农产品信息，使农村居民在家就可以把农产品卖出去，网上交易，解决长久以来农村居民卖产品难的问题；其次，涉农互联网要充实内容，要使农村居民了解国家对农业、农村、农民的各种方针、政策，重点了解市场上各种产品的供求信息，从而为农产品的种植作出良好的预期。再次，要在互联网上提供各种农产品的技术信息，使农村居民了解农产品的种植方法，获得新技术。最后，还要提供医疗、天气、新闻、娱乐等信息，便利农村居民生活。同时，政府应该对农业网站进行监督，建立不良信息过滤机制，防止不良信息危害农村居民。